인생을 바꾸는
게임의 규칙

인생을 바꾸는
게임의 규칙
The Game of Life and How to Play It

플로렌스 스코벨 신 지음
이은종 옮김

주영사

역자 서문

인생이라는 게임을
어떻게 하면 잘할 수 있을까

 이 책에서 제안하듯이 인생을 전투가 아닌 게임으로 보는 것은 적절한 비유라고 생각한다. 전투는 둘 중 하나가 죽어야 끝나는 것을 가정한다. 지면 끝이고 다시 시작한다는 것은 존재하지 않는다. 그러나 게임이라면 다시 시작할 수 있다 상대에게 피해를 주지 않으면서도 이길 수 있다.

 플로렌스 스코벨 신은 20세기 초반에 활동했던 자기계발 전문가이자 영성 교사였다. 그는 인생이라는 게임을 어떻게 하면 잘할 수 있을까 하는 주제를 가지고 이 책을 저술했다. 이 책은 현대에 나온 자기계발서의 원조라고 할 수 있다. 여기서 나온 개념과 방법을 현대에 맞게 다듬은 책들이 자기계발서의 베스트셀러가 되었다.

그가 제시하는 게임의 규칙은 어려운 것이 아니다. 그는 정신분석이나 종교를 논하지 않았다. 보통의 사람이 이해하고 일상에서 실천할 수 있는 방법을 제시했다. 그렇기에 사람들은 문제를 해결하고자 그를 찾아왔고, 그는 "치료"라는 말로써 그들에게 해결책을 제시했다.

그런데도 이 책에는 자기계발 분야를 처음 접하는 사람에게는 익숙하지 않은 용어와 개념이 나온다. 책을 번역한 역자로서, 몇 가지 설명을 간단하게나마 해야 할 필요를 느낀다. 크게 다섯 가지만 이야기하고자 한다.

첫째, 잠재의식(subconscious)과 무의식(unconscious)의 차이이다. 잠재의식과 무의식은 의식보다 더 깊은 곳에 있다는 점에서 공통된다. 이 둘이 차이가 나는 점은 사람이 그것을 통제할 수 있느냐에 있다. 1장에서도 나오듯이 잠재의식은 사람의 마음에 있는 "방향성이 없는 단순한 힘"으로 스스로 움직일 수 없고 외부의 자극에 반응할 뿐이다. 반면에 무의식은 내면에 있는지조차 모를 때가 많다. 그것은 억눌린 생각이나 감정이 꿈이나 두려움의 형태로 예상치 못하게 분출되어 비로소 그 존재를 알게 된다. 따라서 잠재의식은 긍정의 말과 믿음을 통해 마음의 소원을 현실에서 실현하는 데 이용하므로 자기계발 분야에서 사용된다. 무의식은 주로 정신분석학에서 사용된다.

둘째, 이 책에는 시현이라는 말이 나온다. 시현(示現, manifestation)은 사전에 나오는 의미로는 "나타내 보임"이고, 저자가 말하는 정의로는 "실현"이다. 즉, 마음이 바라는 바를 눈에 보이는 결과로 바꾸어 보이는 것이다. "현실화"가 더 다가오는 말일 수 있다.

셋째, 긍정(affirmation)이라는 말도 생소할 수 있다. 긍정은 마음이 원하는 바가 현실이 될 수 있다고 자신에게 적극적인 암시의 말을 하는 것을 말한다. 주로 확신의 말을 하므로 "긍정확언"이라는 용어를 쓰기도 한다.

넷째, 독자 여러분 중에는 이 책에 나오는 "신(God)" 또는 "신의(divine)"라는 말에 거부감을 느끼는 분도 계실 것이다. 이 책은 1925년에 미국에서 나온 것으로, 그 당시 미국에서 신이라고 하면 기독교의 하나님을 의미했다. 적극적인 무신론자를 제외하면 보통의 미국 사람은 그렇게 생각했다. 마치 1925년에 조선 사람이 자신에게 복을 주는 존재를 조상님이라고 생각했던 것과 같다. 이 책은 그런 전제를 바닥에 깔고 있다. 따라서 여기에 거부감을 느낀다면 그것은 개인의 취향이다. 취향은 존중받아야 하므로, 본문으로 들어가기 전에 알려드리는 게 도리일 듯하여 말씀드린다.

다섯째, 4장의 "무저항"과 6장의 "짐을 맡기는 것"에 대한 개념이다. 저자는 마음이 바라는 것의 실현을 가로막는 가장 큰 장애물이 두려움이나 걱정이라고 말한다. 그리고 두려움에 다가갈수록 두려움이 사라진다고 주장한다. 어떻게 이것이 가능할까. 이것은 두려움에 대처하는 기독교의 역설적인 방법에서 나온다. 즉, 자신은 두려움과 싸워 이길 수 없으니 두려움과 싸우는 것을 포기하고(무저항), 그 싸움을 자신보다 더 큰 힘에 넘기는(짐을 맡기는) 것이다. 이것과 동일한 현대의 개념으로는 "항복"이 있다. 항복은 아무것도 하지 않고 손 놓고 있는 것이 아니다. 여전히 내가 할 수 있는 부분은 해야 한다. 그걸 영어로 do the next right thing이라고 한다. 가장 올바른 일인 항복을 했으니까, 그다음으로(the next) 내가 해야 할 올바른 일(right thing)을 하는 것이다. 그렇게 할 때 원하는 바를 이룬다는 개념이다.

자기계발서는 독자 개인의 삶에서 실제적인 효과가 나타나야 그 가치가 있다. 저자는 건강, 부, 사랑, 완벽한 자기표현이라는 네 가지 면에서 성공해야 인생이라는 게임이 완성된다고 말한다. 그는 이것을 "인생의 사각형"이라고 부른다. 어떤 한 면의 성공을 극대화하는 것이 아닌 균형 잡힌 인생을 추구하는 저자의 생각이 독자 여러분의 인생에 도움이 되었으면 한다.

역자 이은종

차례

역자 서문 ——————————————— 5

1장	게임 ——————————————— 15
2장	번영의 법칙 ————————————— 31
3장	말의 힘 ——————————————— 45
4장	무저항의 법칙 ————————————— 59
5장	카르마의 법칙과 용서의 법칙 ——————— 77
6장	짐을 맡기기: 잠재의식에 새기기 —————— 93
7장	사랑 ——————————————— 109
8장	직관 또는 인도하심 ——————————— 129
9장	완벽한 자기표현 또는 신의 설계 —————— 147
10장	부정과 긍정 ————————————— 163

일러두기

각주는 옮긴이 주입니다.

1장

게임

사람들은 대부분 인생을 전투라고 생각하지만, 인생은 전투가 아니라 게임이다.

그러나, 이 게임은 영적 법칙에 대한 지식 없이는 성공적으로 플레이할 수 없으며, 구약과 신약 성경은 게임의 규칙을 놀랍도록 명확하게 제시한다. 예수 그리스도는 이 게임이 "주고받는 위대한 게임"이라고 가르치셨다.

"사람이 무엇으로 심든지 그대로 거두리라." 이 말은 사람이 말이나 행동으로 무엇을 보내든 그것이 그에게 돌아온다는 뜻이다. 사람은 주는 것을 받는다. 미움을 주면 미움을 받고, 사랑을 주면 사랑을 받고, 비판을 하면 비판을 받고, 거짓말을 하면 거짓말을 당하고, 속임수를 쓰면 속임을 당할 것이다.

우리는 또한 상상력이 인생의 게임에서 중요한 역할을 하는 것을 배운다. "네 마음(또는 상상)을 부지런히 지키라 생명의 근원이 이에서 남이니라." (잠언 4:23)

이것은 사람이 상상하는 것이 조만간 그의 현실에 나타날 것임을 의미한다. 나는 어떤 질병을 두려워했던 한 남자를 알고 있다. 그것은 매우 희귀하고 걸리기 힘든 질병이었지만, 그는 항상 그 질병을 상상하고 그것에 대해 읽었다. 마침내 그 질병이 그의 몸에 나타났고, 그 왜곡된 상상의 피해자가 되어 죽었다.

그래서 우리는 인생이라는 게임을 성공적으로 플레이하려면 상상력을 훈련해야 한다. 좋은 것만 상상하도록 훈련된 능력을 가진 사람은 건강, 부, 사랑, 친구, 완벽한 자기표현, 최고의 이상 등 "마음의 모든 의로운 소원"을 인생에 가져온다.

상상력은 "마음의 가위"라고 불린다. 사람이 그곳에 있는 것으로 보는 이미지를 매일 자르다 보면 조만간 현실에서 자신의 창조물과 만나게 된다. 상상력을 성공적으로 훈련하려면 마음의 작용을 이해해야 한다. 고대 그리스인들은 이렇게 말했다. "너 자신을 알라."

마음에는 잠재의식(subconscious), 의식(conscious), 초의식(superconscious)의 세 가지 부분이 있다. 잠재의식은 방향성이 없는 단순한 힘이다. 증기나 전기와 같아서 지시받은 대로 움직일 뿐 스스로 이끄는 힘이 없다.

사람이 깊이 느끼거나 명확하게 상상하는 것은 무

엇이든 잠재의식에 새겨져 아주 세밀한 부분까지 실행된다.

예를 들면, 내가 아는 한 여성은 어릴 때부터 자신이 항상 과부라고 "믿었다." 그녀는 검은 옷을 "차려입고" 긴 검은 베일을 썼다. 사람들은 그녀가 영리하고 재미있다고 생각했다. 그녀는 자라서 깊이 사랑했던 남자와 결혼했다. 하지만 얼마 지나지 않아 그 남자가 죽었고, 그녀는 오랫동안 검은 옷과 긴 베일을 하고 살았다. 과부로서의 모습이 잠재의식에 깊이 새겨졌고, 그때가 되자 큰 혼란 없이 그대로 작동하였다.

의식은 육신의 마음으로 불린다. 그것은 인간의 마음이며, 인생을 겉으로 드러난 대로 인식한다. 그것은 죽음, 재난, 질병, 가난 등의 모든 한계를 보고서 잠재의식에 새겨넣는다.

초의식은 각 사람 안에 있는 하나님의 마음이며, 완

벽한 생각들의 영역이다. 플라톤은 초의식 안에 "완벽한 유형"인 신의 설계가 있다고 말했다. 사람마다 하나님이 준비하신 신의 설계가 있다.

"다른 사람은 채울 수 없고 내가 채워야 하는 자리, 다른 사람은 할 수 없고 내가 해야 하는 일이 있다."

초의식 안에 있는 이것을 설명하는 완벽한 그림이 있다. 그것은 "현실이 될 수 없을 정도로 너무 좋은" 이상이 의식을 번쩍하며 지나가는 것이다. 실제로 인간의 진정한 운명(또는 목적지)은 자신 안에 있는 "무한한 지성"으로부터 번쩍하며 다가온다.

많은 사람이 자신의 진정한 운명을 모른 채 자신에게 속하지 않는 일과 상황을 위해 노력하며, 설령 달성하더라도 실패와 불만족을 얻으며 살아간다.

예를 들면, 한 여성이 나에게 와서 자신이 매우 사랑

하는 어떤 남자와 결혼해야 하는지 "말해 달라"고 요청했다. (그녀는 그 남자를 A. B.라고 불렀다.)

나는 이것이 영적 법칙을 위반하는 일이지만, 신의 권리에 의해 그녀에게 속한 알맞은 남자, 즉 "신의 선택"을 위해 말을 하겠다고 대답했다.

나는 "A. B.가 알맞은 남자라면 그와 깨지지 않을 것이고, 그렇지 않다면 그에 상응하는 결과를 얻을 거예요"라고 덧붙였다. 그녀는 A. B.를 자주 만났지만 두 사람 사이에는 진전이 없었다. 어느 날 저녁 그녀가 전화를 걸어와 "지난 한 주 동안 A. B.가 저에게 멋져 보이지 않았어요"라고 말했다. 나는 "그가 신의 선택이 아닐 수도 있고, 다른 남자가 적임자일 수도 있죠"라고 대답했다. 얼마 지나지 않아 그녀는 다른 남자를 만나 단번에 사랑에 빠졌고, 그 남자는 그녀에게 그의 이상형이라고 말했다. 사실 그녀는 항상 A. B.에게서 듣고 싶었던 말을 그에게서 들었다.

그녀는 "정말 기이했어요"라고 말했다. 그녀는 곧 A. B.와의 교제를 정리했고 A. B.에 대한 관심도 모두 잃었다.

이것은 대체의 법칙을 보여준다. 잘못된 생각이 올바른 생각으로 대체되었기 때문에 손실이나 희생이 발생하지 않았다.

예수 그리스도는 "너희는 먼저 그의 나라와 그의 의를 구하라 그리하면 이 모든 것을 너희에게 더하시리라"고 말씀하시며, 그의 나라는 사람 안에 있다고 말씀하셨다. 그의 나라는 올바른 생각의 영역, 즉 신의 유형의 영역이다.

예수 그리스도는 사람의 말이 인생의 게임에서 주도적인 역할을 한다고 가르치셨다. "너희 말로 의롭다 하심을 받고 너희 말로 정죄를 받느니라."

무심코 내뱉은 말로 인생에 재앙을 입은 사람이 많다.

예를 들면, 한 여성이 왜 자기 인생이 한계에 부딪힌 빈곤한 인생이냐고 나에게 물었다. 전에는 집이 있었고, 아름다운 물건들로 둘러싸였으며, 집 관리에 지친 나머지 "모든 것이 지겹고 피곤해 트렁크 안에 살고 싶다"라고 반복해서 말했던 그녀는 "지금 나는 트렁크 안에 살고 있다"라고 덧붙였다. 그녀는 스스로 트렁크에 대해 말했다. 잠재의식에는 유머 감각이 없다. 사람은 종종 자신을 불행한 경험에 집어넣어 농담을 하곤 한다.

예를 들면, 돈이 많은 한 여성이 항상 "구빈원에 갈 준비를 하고 있다"라는 농담을 했다. 그녀는 잠재의식에 빈곤과 결핍에 대한 이미지가 각인되어 몇 년 만에 거의 거지가 되었다.

다행히도 법칙은 양쪽 모두에 적용되어, 부족한 상황은 풍부한 상황으로 바뀔 수 있다.

예를 들면, 어느 더운 여름날 한 여성이 번영을 위한 "치료"를 위해 나를 찾아왔다. 그녀는 몸이 지치고, 낙담하고, 용기를 잃었다. 그녀는 전 재산이 8달러밖에 없다고 했다. 나는 "좋아요, 예수 그리스도께서 물고기와 보리떡을 풍성하게 늘리신 것처럼, 그 8달러를 축복하고 늘려 드리겠습니다"라고 말했다. 그분은 모든 사람에게 축복과 번성, 치유와 번영의 능력이 있다고 가르치셨기 때문이다.

"이제 어떻게 해야 하나요?"라고 그녀가 물었다.

나는 "직관을 따르세요"라고 대답했다. "어떤 일을 하겠다거나 어디로 가겠다는 '직감'이 있나요?"라고 물었다. 직관은 내면의 가르침이며, 사람의 오류가 없는 길잡이이다. 직관의 법칙에 대해서는 뒤의 장에서 자세히 설명하겠다.*

---

* 8장에서 다룬다.

여자가 대답했다. "모르겠어요. 집에 가야 한다는 '직감'은 있는 것 같아요. 차비는 충분히 있으니까요." 그녀의 집은 먼 도시에 있었고, 그곳은 부족하고 한계가 있는 곳이므로 이성적 마음(또는 지성)이라면 그녀에게 이렇게 말했을 것이다. "뉴욕에 남아서 일자리를 구하고 돈을 벌어라." 나는 "그럼, 집에 가세요. 직감을 거스르지 마세요"라고 대답했다. 나는 그녀를 위해 다음과 같이 말했다. "무한하신 영은 당신에게 큰 풍요의 길을 열어줍니다. 당신은 신의 권리에 의해 당신에게 속한 모든 것을 끌어당기는 자석입니다." 나는 그녀에게 이 말을 계속 반복하라고 말했다. 그녀는 즉시 집으로 떠났다. 어느 날 그녀는 한 여성과 통화하던 중 그녀 가족의 오랜 친구와 연결되었다.

이 친구를 통해 그녀는 기적과도 같은 방법으로 수천 달러를 받았다. 그녀는 나에게 "8달러와 직감을 가지고 당신을 찾아온 여자를 사람들에게 전해 주세요"라고 자주 말하곤 했다.

인간의 길에는 항상 풍요로움이 있지만, 그것은 욕망, 믿음 또는 말을 통해서만 나타날 수 있다. 예수 그리스도는 사람이 먼저 움직여야 하는 것을 분명히 보여주셨다.

"구하라 그리하면 너희에게 주실 것이요, 찾으라 그러면 찾아낼 것이요, 문을 두드리라 그리하면 너희에게 열릴 것이니." (마태복음 7:7)

성경에는 이런 구절이 있다. "내 손으로 한 일에 대하여 내게 부탁하라."

무한한 지성을 가진 하나님은 인간의 가장 작은 요구도, 가장 큰 요구도 언제나 실행할 준비가 되어 있으시다.

말로 표현하든 표현하지 않든, 모든 욕망은 요구이다. 우리는 종종 갑자기 소원이 이루어져서 깜짝 놀라곤

한다.

 예를 들면, 꽃집 창문 너머로 아름다운 장미가 많이 있는 것을 보았던 나는, 어느 부활절에 장미 한 그루를 받고 싶다는 생각이 들었고, 순간적으로 그것이 문으로 들어오는 것을 마음속으로 보았다.

 부활절이 왔고, 아름다운 장미도 함께 왔다. 다음 날 나는 친구에게 감사 인사를 전하며 내가 원하던 바로 그것이라고 말했다.

 친구는 "장미를 보낸 게 아니라 백합을 보냈는데!"라고 대답했다.

 그 남자는 주문을 착각해 나에게 장미를 보냈다. 그것은 내가 그 법칙을 실천에 옮기기 시작했기 때문이며, 나는 장미를 받아야만 했다.

사람의 최고의 이상과 마음의 모든 욕망의 실현을 가로막는 것은 의심과 두려움이다. 사람이 "걱정하지 않고 소원"할 수 있다면 모든 욕망은 즉시 성취될 것이다.

뒤의 장에서 이에 대한 과학적 이유와 두려움이 의식에서 지워져야 하는 이유를 자세히 설명하겠다.* 결핍에 대한 두려움, 실패에 대한 두려움, 질병에 대한 두려움, 상실에 대한 두려움, 어떤 면에서든 느끼는 불안은 인간의 유일한 적이다. 예수 그리스도께서는 말씀하셨다. "어찌하여 무서워하느냐 믿음이 작은 자들아." (마태복음 8:26) 그러므로 우리는 두려움은 선이 아닌 악에 대한 믿음으로, 거꾸로 된 믿음일 뿐이므로, 두려움을 믿음으로 대체해야 하는 것을 알 수 있다.

인생이라는 게임의 목적은 자신의 선(善)을 명확히 보고 모든 악의 정신적 이미지를 지우는 것이다. 이를

---

* 4장에서 다룬다.

위해서는 선의 실현을 잠재의식에 새겨야 한다.

어떤 뛰어난 남자가 말하길 자신이 크게 성공할 수 있었던 이유는, 그가 어떤 방에 걸려 있던 표어를 읽고 갑자기 모든 두려움이 의식에서 사라졌기 때문이라고 했다. 그는 "왜 걱정해? 그런 일은 절대 일어나지 않을 건데"라는 문구가 크게 쓰여 있는 것을 보았다. 이 글귀는 그의 잠재의식에 지울 수 없이 각인되었고, 이제 그는 자기 삶에는 오직 좋은 것만 있으며, 따라서 좋은 것만 나타난다고 확고히 믿게 되었다.

뒤의 장에서는 잠재의식에 깊은 인상을 남기는 다양한 방법을 다룰 것이다.* 잠재의식은 인간의 충실한 종이다. 따라서 사람은 올바른 명령을 내리기를 유의해야 한다. 인간에게는 항상 침묵하며 경청하는 존재, 즉 잠재의식이 있다.

---

* 6장에서 다룬다.

모든 생각과 말은 잠재의식에 깊은 인상을 남기고 놀랍도록 세밀하게 실행된다. 마치 가수가 예민한 레코드판에 녹음을 하는 것과 같다. 목소리의 모든 음과 톤이 기록된다. 기침을 하거나 머뭇거리면 그것도 기록된다. 그래서 우리는 잠재의식에 있는 낡고 나쁜 기록, 즉 보존하고 싶지 않은 삶의 기록을 모두 부수고 새롭고 아름다운 기록을 만들어야 한다.

이 말을 큰 소리로, 힘차게, 확신을 가지고 말하라. "나는 지금 내 잠재의식에 있는 모든 사실이 아닌 기록을 (말로) 부수고 없앤다. 그것은 나의 헛된 상상에서 비롯된 것이므로 본래의 무의미한 먼지 더미로 돌아갈 것이다. 이제 나는 내 안에 계신 그리스도를 통해 건강, 부, 사랑, 완벽한 자기표현이라는 완벽한 기록을 만든다." 이것이 바로 게임이 완성된 인생의 사각형이다.*

---

* 저자는 건강, 부, 사랑, 완벽한 자기표현을 인생의 사각형을 이루는 네 개의 면으로 보았다.

다음 장에서는 사람이 말을 바꾸어 자신의 상황을 어떻게 바꾸는지 보여주겠다. 말의 힘을 모르는 사람은 시대에 뒤처진 사람이다.

"죽고 사는 것이 혀의 힘에 달려 있다." (잠언 18:21)

2장

번영의 법칙

"그리하면 전능자가 네 보화가 되시며
네게 고귀한 은이 되시리니"

성경을 통해 인류에게 주어진 가장 위대한 메시지 중 하나는 하나님은 인간의 공급자이시며, 인간은 신의 권리에 의해 그에게 속한 모든 것을 말로써 방출할 수 있다는 것이다. 그러나 그는 자신의 말에 대한 완벽한 믿음을 가져야 한다.

이사야는 "내 말은 헛되이 내게로 돌아오지 아니하고 보내진 곳에서 이루어지리라"라고 말했다. 이제 우리는 말과 생각이 인간의 몸과 일을 형성하는 거대한 가진력(加振力)이라는 것을 안다.

한 여성이 큰 고민에 빠져 나를 찾아와 그달 15일에 3천 달러짜리 소송을 당할 것이라고 말했다. 그녀는 그 돈을 구할 방법이 없어 절망에 빠져 있었다.

나는 그녀에게 하나님은 공급자이시며 모든 수요에는 공급이 있다고 말했다.

그렇게 나는 말을 했다! 나는 그 여인이 적절한 시기에 적절한 방법으로 3천 달러를 얻게 될 것을 감사했다. 나는 그녀에게 온전한 믿음을 가지고, 그 온전한 믿음을 행동으로 옮겨야 한다고 말했다. 15일이 왔지만 돈은 오지 않았다.

그녀는 나에게 전화를 걸어 어떻게 해야 할지 물었다.

나는 "오늘은 토요일이니 고소하지 않을 겁니다. 당신의 역할은 부유하게 행동해 월요일까지 구할 수 있다는 완벽한 믿음을 보여주는 것입니다"라고 말했다. 그녀는 용기를 내기 위해 나에게 점심을 같이 먹자고 했다. 식당에서 그녀와 함께 식사를 하면서 나는 "지금은 절약할 때가 아닙니다. 비싼 점심을 주문하고 이미 3천 달러를 얻은 것처럼 행동하세요"라고 말했다.

"무엇이든지 기도하고 구하는 것은 받은 줄로 믿으라." "당신은 이미 받은 것처럼 행동해야 해요." 다음 날 아침에 그녀가 전화로 낮에 같이 있어 달라고 해서 "아니요. 당신은 하나님의 보호를 받고 있으며, 하나님은 절대 늦지 않으세요"라고 말했다.

저녁에 그녀는 다시 전화를 걸어 크게 흥분하며 "어

머나, 기적이 일어났어요!"라고 말했다. "오늘 아침에 방에 앉아 있는데 초인종이 울려서 가정부에게 '아무도 들이지 마세요'라고 했어요. 하지만 가정부는 창밖을 내다보며 '흰 수염이 긴 사촌이에요'라고 말했어요."

"그래서 저는 '다시 부르세요. 그를 만나고 싶어요'라고 했지요. 그는 모퉁이를 막 돌고 있었는데 가정부의 목소리가 들려서 다시 돌아왔어요."

"그는 한 시간 정도 이야기를 나누고 떠나면서 '아, 그런데 재정은 어때요?'라고 말했어요."

"돈이 필요하다고 했더니 '그래요? 다음 달 1일에 3천 달러를 줄게요'라고 하더군요."

"고소당할 거라고 말하기 싫었어요. 어떻게 해야 하나요? 다음 달 1일이 돼야 받을 수 있는데. 내일 꼭 받아야 해요." 나는 "계속 '치료'할게요"라고 대답했다.

나는 "성령님은 절대 늦지 않으세요. 당신의 눈에 보이지 않는 차원을 통해 돈을 받고 그 돈이 제시간에 나타난 것을 감사드립니다"라고 말했다. 다음 날 아침 사촌이 전화를 걸어와 "오늘 아침에 내 사무실로 오면 돈을 주겠다"라고 말했다. 그날 오후, 그녀는 은행에 3천 달러가 들어와 있는 것을 발견했고, 흥분이 가라앉지 않은 채로 재빨리 수표를 썼다.

성공을 바라면서 실패를 준비한다면 그는 그 상황을 맞게 될 것이다. 예를 들면, 어떤 사람이 나를 찾아와 어떤 빚이 전액 없어질 것이라는 말을 해달라고 부탁했다.

나는 그가 빚을 갚지 못했을 때 채권자에게 어떻게 변명할지를 구상하는 데 시간을 쓰는 것을 발견했다. 그렇게 그는 내 말을 무력화했다. 그는 자신이 빚을 갚는 것을 상상했어야 했다.

성경에는 이에 관한 멋진 예화가 있는데, 사막에 있는 세 왕이 사람과 말에게 먹일 물도 없이 사막을 헤매던 이야기이다. 그들은 엘리사 선지자와 상의했고, 엘리사는 이 놀라운 메시지를 전해 주었다.

"주의 말씀이라. 너희가 바람도 보지 못하고 비도 보지 못하되 이 골짜기에 도랑을 많이 파라."

사람은 자신이 요구한 것이 조금도 보이지 않을 때도 그것을 준비해야 한다.

예를 들면, 한 여성이 뉴욕에 아파트가 매우 부족하던 해에 아파트를 구해야 한다는 사실을 알게 되었다. 거의 불가능에 가까운 일이었고, 친구들은 그녀를 안타까워하며 "너무 힘들지 않겠어? 가구를 어딘가에 보관하고 호텔에서 살아야 하지 않겠어?"라고 말했다. 그녀는 "안타까워할 필요 없어. 나는 초인(超人)이니까 아파트를 구할 수 있을 거야"라고 대답했다.

그녀는 이렇게 말했다. "무한한 영이시여, 알맞은 아파트를 위한 길을 열어주소서." 그녀는 모든 요구에는 공급이 있고, 영적인 차원에서 움직인다면 "상황의 제약을 받지 아니하며", "하나님과 함께하는 사람이 다수"라는 것을 알았다.

그녀는 새 담요를 사려고 고민하던 중 "유혹자"(부정적인 생각이나 추론)가 "담요를 사지 마라, 결국 아파트를 얻지 못할 테니 쓸모가 없을 거야"라고 제안했다. 그녀는 곧바로 (자신에게) 이렇게 대답했다. "담요를 사서 내 도랑을 파겠다!" 그렇게 그녀는 이미 얻은 것처럼 행동하며 아파트를 준비했다.

그녀는 기적적인 방법으로 한 아파트를 발견했고, 200명이 넘는 지원자가 있었지만 그녀에게 주어졌다.

담요는 적극적인 믿음을 보여주었다.

세 왕이 사막에 파놓은 도랑에 물이 넘칠 정도로 가득 찼다는 것은 말할 필요도 없다. (열왕기하 읽기)

보통 사람이 영적 리듬에 들어가는 것은 쉽지 않다. 의심과 두려움이라는 부정적 생각이 잠재의식에서 솟구친다. 그것은 반드시 물리쳐야 하는 "이방 군대"이다. 이것이 바로 "동트기 전이 가장 어둡다"라는 말이 자주 나오는 이유를 설명한다.

일반적으로 고뇌에 찬 생각이 있은 후에 큰 시현(示現)이 나온다.

사람은 높은 영적 진리를 긍정한 후에 잠재의식 속의 낡은 믿음에 도전하고 "오류를 드러내" 지운다.

이때야말로 진리를 반복해서 긍정하고, 이미 받은 것을 기뻐하고 감사해야 할 때이다. "너희가 부르기 전에 내가 대답하리라." 이것은 "모든 선하고 완벽한 선물"이 이미 인간의 것이며, 인간의 인정을 기다리고 있다는 것을 의미한다.

사람은 자신이 받는 것을 보는 것만 받을 수 있다.

이스라엘 백성은 그들이 볼 수 있는 모든 땅을 차지할 수 있다는 말을 들었다. 이것은 모든 사람에게 해당되는 이야기이다. 자신의 영적 시야 안에 있는 땅만 차지할 수 있다. 모든 위업, 모든 큰 성취는 비전을 붙잡음으로써 실현되었으며, 종종 큰 성취 직전에 표면적인 실패와 좌절이 찾아온다.

이스라엘 백성이 "약속의 땅"에 도착했을 때, 그곳에 거인들이 가득해 자신들이 메뚜기처럼 느껴져 들어가기를 두려워했다. "거기서 우리는 거인들을 보았나니 우리는 스스로 보기에도 메뚜기 같으니." 이것은 거의 모든 사람이 경험하는 일이다.

그러나 영적 법칙을 아는 사람은 겉모습에 흔들리지 않고 "여전히 포로 상태"에 있을지라도 기뻐한다. 즉, 그는 자신의 비전을 붙잡으며, 끝이 완성되고 자신이 받은 것에 감사한다.

예수 그리스도는 이에 대한 훌륭한 예를 보여주셨다. 그는 제자들에게 이렇게 말씀하셨다. "너희는 넉 달이 지나야 추수할 때가 이르겠다 하지 아니하느냐. 그러나 나는 너희에게 이르노니 너희 눈을 들어 밭을 보라. 희어져 추수하게 되었도다." 그의 선명한 시야는 "물질세계"를 넘어 4차원의 세계, 즉 "신의 마음" 안에 완벽하고 온전하게 실재하는 것들을 명확하게 보았다. 그러므로 사람은 항상 자신의 여정 끝에 대한 비전을 품고 이미 받은 것의 현현(顯現)을 요구해야 한다. 그것은 완벽한 건강, 사랑, 공급, 자기표현, 가정 또는 친구일 수 있다.

그것은 모두 "신의 마음"(인간의 초의식)에 등록된 완벽한 생각이며, 그를 통하지 않고는 그에게 올 수 없다.

예를 들면, 어떤 남자가 성공을 위한 치료법을 요청하러 나를 찾아왔다. 그는 특정 시간 내에 자신의 사업을 위해 5만 달러를 구해야 했다. 기한이 거의 다 되어 갈 무렵 그는 절망에 빠져 나를 찾아왔다. 아무도 그의 사업에 투자하려고 하지 않았고, 은행은 대출을 단호하게 거절했다.

　나는 대답했다. "은행에서 평정심을 잃었으니 힘을 잃은 것 같군요. 먼저 자신을 다스리면 어떤 상황도 통제할 수 있어요." 그리고 "은행으로 돌아가세요. 제가 치료할게요"라고 덧붙였다. 나의 치료는 이랬다. "당신은 은행과 관련된 모든 사람의 영혼과 사랑의 관계에 있는 것으로 확인되는군요. 이 상황에서 신의 생각이 나오게 하세요." 그러자 그가 대답했다. "이봐요, 불가능한 얘기를 하고 있잖아요. 내일은 토요일이고, 은행은 정오에 문을 닫고, 기차는 10시에야 도착할 수 있으며, 내일이면 기한도 끝나는데, 어쨌든 은행에서는 안 해줄 거예요. 너무 늦었어요."

나는 "하나님은 시간이 필요하지 않으시고, 절대 늦지 않으십니다"라고 대답했다. "그분과 함께라면 모든 것이 가능합니다." 나는 "저는 비즈니스에 대해서는 아무것도 모르지만 하나님에 대해서는 알고 있습니다"라고 덧붙였다. 그러자 그가 대답했다. "여기 앉아서 당신의 말을 들을 때는 다 괜찮게 들리지만, 막상 나가면 끔찍하죠."

그는 먼 도시에 살았는데 일주일 동안 연락이 오지 않았다. 그러다 한 통의 편지가 왔다. 이렇게 쓰여 있었다. "당신이 옳았어요. 나는 돈을 구했고, 당신이 내게 말한 모든 것의 진실을 다시는 의심하지 않을 것입니다."

몇 주 후에 그를 만나서 "무슨 일이 있었죠? 결국 분명 시간이 충분했죠?"라고 물었다. 그러자 그가 말했다. "기차가 늦어서 12시 15분쯤에 겨우 도착했습니다. 조용히 은행에 들어가서 '대출을 받으러 왔습니다'라고 말했더니 의심의 여지 없이 해주더군요."

그에게 주어진 시간은 최후의 15분이었지만, "무한하신 영"은 절대 늦지 않으셨다. 이 경우에서 그 남자는 혼자서는 절대로 시현하지 못했을 것이다. 그는 비전을 붙잡을 수 있도록 도와줄 사람이 필요했다. 이것이 바로 한 사람이 다른 사람을 위해 할 수 있는 일이다.

예수 그리스도는 이 진리를 알고 계셨다. "너희 중의 두 사람이 땅에서 합심하여 무엇이든지 구하면 하늘에 계신 내 아버지께서 그들을 위하여 이루어지게 하시리라." 사람이 자신의 일에 너무 가까이 다가가면 의심과 두려움에 빠지게 된다.

친구 또는 "치료자"는 그 상황과 거리를 두고 있기 때문에 성공, 건강, 번영을 명확하게 보며 흔들리지 않는다.

자신보다 다른 사람을 위해 "시현"하는 것이 훨씬 쉽기 때문에, 자신이 흔들린다고 느끼면 주저하지 말고 도움을 요청해야 한다.

인생을 예리하게 관찰한 어떤 사람은 "누군가가 그 사람이 성공할 것으로 본다면 그는 실패할 수 없다"라고 말했다. 이것이 바로 비전의 힘이며, 많은 위인이 자신을 "믿어주고" 완벽한 유형을 흔들림 없이 붙잡을 수 있게 해주었던 아내나 누이, 친구에게 성공을 돌리는 이유이다!

3장

말의 힘

"네 말로 의롭다 함을 받고 네 말로 정죄함을 받으리라."

말의 힘을 아는 사람은 자신의 말에 신중하다. 그는 자기가 한 말이 "헛되이 돌아오지 않는다"라는 것을 알기 때문에 말의 반응을 지켜볼 뿐이다. 사람은 자신의 말을 통해 자신을 위한 법을 끊임없이 만든다.

나는 "나는 항상 차를 놓쳐. 내가 도착할 때면 언제나 차가 출발하거든"이라고 말하는 사람을 안다.

그의 딸이 말했다. "저는 항상 차를 잡아요. 제가 도착할 때면 분명 차가 오거든요." 이런 일이 몇 년 동안 계속되었다. 각자 자신만의 법칙을 만들었다. 한 명은 실패의 법칙을, 다른 한 명은 성공의 법칙을 만들었다. 이것은 미신의 심리학이다.

말굽이나 토끼발에는 아무런 힘이 없지만, 그것이 행운을 가져다줄 것이라는 인간의 말과 믿음은 잠재의식에 기대감을 만들어 "행운의 상황"을 끌어들인다. 그러나 인간이 영적으로 발전하고 더 높은 법칙을 알게 되면 이런 방식은 "효과가 없다"는 것을 알게 된다. 사람은 한번 발전하면 되돌릴 수 없으며 "우상"은 버려져야 한다.

예를 들면, 내 교실의 두 남자는 몇 달 동안 사업에서 큰 성공을 거두었는데 갑자기 모든 것이 "망가졌다." 상황을 분석해 보니, 그들은 성공과 번영을 긍정하며 하나님께 기도하는 대신 각자 "행운의 원숭이"를 샀다. 나는 이렇게 말했다. "아, 그렇군요. 하나님 대신 행운의 원숭이를 믿고 있었군요. 행운의 원숭이를 버리고 용서의 법칙을 달라고 하세요." 왜냐하면 인간에게는 자신의 실수를 바로잡거나 무력화시키는 힘이 있기 때문이다.

그들은 행운의 원숭이를 석탄 투입구에 던지기로 결심했고, 모든 것이 다시 잘되었다. 그러나 이것은 집에 있는 모든 "행운"의 장식품이나 말굽을 버려야 한다는 것을 의미하지는 않는다. 우리는 그 배후에 있는 유일한 힘은 하나님이며, 물건은 우리에게 단순히 기대감을 줄 뿐이라는 것을 인식해야만 한다.

어느 날 나는 깊은 절망에 빠진 친구와 함께 있었다. 길을 건너던 중 그녀는 말굽을 주웠다. 그러자 그녀는 즉시 기쁨과 희망으로 가득 차서 "하나님이 용기를 잃지 말라고 이 말굽을 보내주셨다"라고 말했다.

사실 그때 그녀의 의식에 기록될 수 있었던 것은 그것뿐이었다. 하지만 그녀의 희망은 믿음이 되었고, 결국 그녀는 멋지게 시현했다. 앞서 언급한 남자들은 원숭이에게만 의지한 반면, 이 여성은 말굽의 배후에 있는 힘을 인식했다는 점을 분명히 말씀드리고 싶다.

나의 경우에는 어떤 일이 실망을 준다는 믿음에서 벗어나기까지 오랜 시간이 걸렸다. 그 일이 생기면 언제나 실망한다는 믿음이었다. 나는 잠재의식을 바꿀 유일한 길은 "두 개의 힘은 없다. 오직 하나의 힘, 즉 하나님만 존재한다. 따라서 실망은 없으며, 이 일은 행복한 놀라움을 의미한다"라고 주장하는 것이라는 것을 알았다. 나는 즉시 변화를 느꼈고, 행복한 놀라움이 내게 찾아오기 시작했다.

나에게는 사다리 밑을 지나갈 수 없다고 하는 친구가

있다.* 그래서 내가 말했다. "네가 두려워한다면, 그것은 한 개의 힘이 아니라 선과 악이라는 두 개의 힘이 있다는 믿음에 굴복하는 것이야. 하나님은 절대자이시기 때문에 인간이 스스로 악의 거짓을 만들지 않는 한 반대되는 힘은 존재할 수 없어. 오직 하나의 힘이신 하나님만 믿고 악은 실체나 힘이 없다는 것을 보여주려면 다음에 사다리가 보이면 그 밑을 지나가렴."

얼마 지나지 않아 그녀는 은행에 갔다. 그녀는 대여금고에 있는 상자를 열려고 했는데, 그 길목에 사다리가 놓여 있었다. 사다리 밑을 지나지 않고는 상자에 닿을 수 없었다. 그녀는 두려움에 떨며 돌아 나왔다. 그녀는 길에서 사자를 마주할 수 없었다. 하지만 거리에 이르렀을 때 내 말이 귓가에 울렸고, 그녀는 다시 돌아가 사다

---

*사다리 밑을 지난다(walking under a ladder)는 말은 불길한 일을 만난다는 미신적 의미가 있다. 그 기원에 대해서는 여러 가지 설이 있으나, 중세 시대에 사다리가 교수대와 비슷하게 생겨서 그랬다는 설이 일반적이다.

리 밑을 걸어가기로 결심했다. 사다리가 수년 동안 그녀를 속박했기 때문에 그것은 그녀의 인생에서 중요한 순간이었다. 다시 금고로 발걸음을 옮겼더니 사다리는 더 이상 있지 않았다!

이런 일은 종종 일어난다! 두려워하는 일을 기꺼이 하려고 한다면 그 일을 할 필요가 없어진다.

이것이 잘 알려지지 않은 무저항의 법칙이다.

누군가가 용기에는 천재성과 마법이 담겨 있다고 말했다. 두려움 없이 상황에 직면하면 직면할 상황이 없어진다. 스스로 그 무게가 떨어져 나간다.

두려움이 그 여성의 길에 있는 사다리를 끌어당겼고, 두려움 없는 용기가 사다리를 제거했다는 설명이다.

이렇게 보이지 않는 힘은 항상 인간을 위해 일하고

있으며, 인간도 자신도 모르게 "줄을 당기고" 있다. 말에는 진동하는 힘이 있으므로 사람이 무엇을 말하든 그는 끌어당기기 시작한다. 지속적으로 질병에 대해 말하는 사람은 항상 질병을 끌어당긴다. 진리를 알고 나면 말을 조심하지 않을 수 없다.

예를 들면, 나에게는 전화로 "만나서 옛날식 수다를 떨자"라고 말하는 친구가 있다. 이 "옛날식 수다"는 손실, 결핍, 실패, 질병 등이 주요 주제인 약 500~1,000개의 파괴적 단어로 이루어진 한 시간 동안의 대화를 의미한다. 그러면 나는 대답한다. "아니야, 괜찮아. 나는 '옛날식 수다'는 충분히 했어. 그건 너무 값비싼 수다야. 이제 나는 '신식 수다'를 좋아해. 나는 원하지 않는 것이 아니라 원하는 것을 이야기하고 싶어."

사람은 대담하게 "치유, 축복, 번영"이라는 세 가지 목적만을 위해서 말을 써야 한다는 옛말이 있다. 타인에 대해 말하는 것이 곧 자신에 대해 말하는 것이 될 것이며, 타인을 위해 바라는 것이 곧 자신을 위해 바라는 것이 될 것이다.

"저주는 닭과 같아서 잠을 자기 위해 집으로 돌아온다."

사람이 누군가의 "불운"을 기원한다면, 그는 분명 자신에게 불운을 불러올 것이다. 누군가의 성공을 돕기를 원한다면, 그는 자신의 성공을 기원하고 돕는 것이다.

신체는 말과 명확한 비전을 통해 회복되고 변화될 수 있으며, 질병은 의식에서 완전히 사라질 수 있다. 형이상학자는 모든 질병에는 정신적 대응이 있으며, 몸을 치유하기 위해서는 먼저 "영혼을 치유"해야 하는 것을 알고 있다.

영혼은 잠재의식의 마음이며 잘못된 생각으로부터 "구해져야" 한다.

우리는 시편 23편에서 읽는다. "그가 내 영혼을 회복시키시며." 이것은 잠재의식 또는 영혼이 올바른 생각들로 회복되어야 한다는 것을 의미하며, "신비로운 결혼"은 정신과 영혼의 결혼, 또는 잠재의식과 초의식의 결혼을 말한다. 그것은 하나가 되어야 한다. 잠재의식이 초의식의 완벽한 생각들로 가득 채워질 때 인간과 하나님은 하나가 된다. "나와 아버지는 하나니라." 즉, 그는 완벽한 생각들의 영역과 하나가 된다. 그는 하나님을 닮은 형상(상상)으로 지어진 사람으로 모든 피조물, 즉 그의 마음, 몸, 일을 다스릴 권세와 지위를 부여받았다.

모든 질병과 불행은 사랑의 법칙을 어기는 데서 비롯된다고 해도 과언이 아니다. "새 계명을 너희에게 주노니 서로 사랑하라." 인생의 게임에서는 사랑과 선의가 승리를 가져온다.

예를 들면, 내가 아는 한 여성은 수년간 끔찍한 피부병에 시달렸다. 의사들은 불치병이라고 말했고, 그녀는 절망에 빠졌다. 그녀는 무대에 올랐지만 곧 직업을 그만둬야 할지도 모른다는 두려움이 있었다. 별다른 수입원도 없었다. 하지만 그녀는 좋은 계약을 따냈고, 개막 첫날 밤에 "히트"를 쳤다. 그녀는 평론가로부터 극찬을 받았고 기쁨과 환희에 넘쳤다. 다음 날 그녀는 해고 통지를 받았다. 출연자 중 한 남자가 그녀의 성공을 질투해 그녀를 쫓아냈다. 그녀는 증오와 분노가 자신을 완전히 사로잡는 것을 느꼈고 "오, 하나님, 그 남자를 미워하지 않게 해주세요"라고 외쳤다. 그날 밤 그녀는 "침묵 속에서" 몇 시간 동안이나 기도했다.

그녀는 "저는 곧 깊은 정적에 빠졌습니다. 저는 저 자신과 그 남자, 그리고 온 세상과 평화를 이룬 것 같았어요. 다음 날 밤에도 계속했고, 셋째 날에는 피부병이 완전히 치료된 것을 발견했습니다!" 사랑, 즉 선한 의지를 구함으로써 그녀는 율법을 성취했고("사랑은 율법을 성취하는 것이기 때문에"), (무의식에 있는 분노에서 비롯된) 질병이 사라진 것이다.

비판적이고 해로운 생각은 혈액에 부자연스러운 침전물을 유발해 관절로 스며들기 때문에, 지속적인 비판은 류머티즘을 유발한다. 질투, 증오, 용서하지 않는 마음, 두려움 등은 잘못된 성장을 유발한다. 모든 질병은 마음이 편하지 않기 때문에 발생한다. 나는 언젠가 수업 시간에 이렇게 말했다. "누군가에게 '도대체 당신은 왜 그래요?'라고 해봐야 아무 소용이 없습니다. 차라리 '누가 당신에게 무엇을 했나요?'라고 하는 게 낫습니다." 용서하지 않는 마음은 질병의 가장 큰 원인이다. 동맥이나 간을 굳게 하고 시력에도 영향을 미친다. 거기에서 질병이 끝없이 생겨난다.

어느 날 나는, 독이 든 굴을 먹고 아프다고 하는 여성의 전화를 받았다. 나는 "아니요. 굴은 해롭지 않았는데 당신이 굴에 독을 친 거예요. 무슨 일이 있었던 거죠?"라고 말했다. 그녀는 "아, 열아홉 명 정도"라고 대답했다. 그녀는 열아홉 명과 싸웠고, 심하게 불화한 결과 잘못된 굴을 끌어당겼던 것이다.

외부의 불화는 마음의 불화를 드러낸다. "내면의 것이 외면의 것으로 나타난다."

인간의 유일한 적은 자신 안에 있다. "사람의 원수가 자기 집안 식구리라." 이 행성이 사랑의 시련을 받고 있는 지금, 인격은 인간이 극복해야 할 최후의 적의 하나이다. "이 땅에 평화, 인간에 대한 선의"가 그리스도의 메시지였다. 따라서 이것을 깨달은 사람은 이웃을 위해 자신을 완성하려고 노력한다. 그의 일은 모든 사람에게 선의와 축복을 보내는 것이다. 그리고 놀랍게도, 누군가를 축복하면 그 사람은 나에게 해를 끼칠 힘을 잃게 된다.

예를 들면, 한 남자가 사업 성공을 위해 "치료"해 달라고 나를 찾아왔다. 그는 기계를 팔고 있었는데, 경쟁자가 더 나은 기계라고 선전하며 현장에 나타났고, 그는 패배를 두려워했다. 나는 "우선 모든 두려움을 없애세요. 그리고 하나님이 당신의 이익을 보호하고 계신다는 것을 알아야 하며, 그 상황에서 신의 생각이 나와야 합니다. 즉, 알맞은 기계가, 알맞은 사람에 의해, 알맞은 사람에게 팔릴 것이라고 생각해야 합니다"라고 말했다. 그리고 덧붙였다. "그 사람에 대해 비판적인 생각을 품지 마세요. 하루 종일 그를 축복하고, 신의 생각이 아니라면 당신의 기계를 팔지 않겠다는 의지도 가져야 합니다." 그래서 그는 두려움과 저항감 없이 상대방을 축복하며 회의에 참석했다. 결과는 놀라웠다고 한다. 상대방의 기계는 작동하지 않았고, 그는 조금의 어려움도 없이 자신의 기계를 팔았다. "나는 너희에게 이르노니 너희 원수를 사랑하며 너희를 박해하는 자를 위하여 기도하라."

선의는 그것을 베푸는 사람 주위에 큰 보호의 기운을 만들어 "그를 대적하기 위해 만든 어떤 무기도 성공하지 못하게 한다." 다시 말해, 사랑과 선의는 자기 안에 있는 적을 파괴하므로, 외부에 적이 존재하지 않게 된다!

"사람에게 선의를 베푸는 자에게는 땅에 평화가 찾아올 것이다!"

4장

무저항의 법칙

"악을 대적하지 마라. 악에게 지지 말고
선으로 악을 이기라."

지구상의 그 어떤 것도 저항하지 않는 사람을 당해낼 수 없다. 중국인은 물은 완벽하게 저항하지 않기 때문에 가장 강력한 원소라고 말한다. 물은 바위도 닳아 없어지게 하고 그 앞에 있는 모든 것을 쓸어버릴 수 있다.

예수 그리스도께서 "악을 대적하지 마라"라고 하신

것은 악이 실재하지 않는 것을 아셨기 때문이다. 따라서 저항해야 할 것은 없다. 악은 인간의 "공상" 또는 선과 악이라는 두 가지 힘에 대한 믿음에서 비롯되었다.

아담과 이브가 "환상의 나무 마야(Maya)"를 먹고 하나님이라는 하나의 힘이 아니라 두 개의 힘을 보았다는 오래된 전설이 있다. 그러므로 악은 사이코마(psychoma)라고도 하는 영혼의 잠을 통해 인간 스스로 만든 거짓된 법이다. 영혼의 잠이란 사람의 영혼이 육신의 또는 인간의 생각이라고 하는 죄, 질병, 죽음 등에 대한 인간의 믿음에 최면이 걸려, 그의 환상이 그의 일을 통해 밖으로 모습을 드러내는 것을 뜻한다.

우리는 앞 장에서 사람의 영혼은 잠재의식의 마음이며, 좋은 것이든 나쁜 것이든 그가 깊이 느끼는 것은 그 충실한 종에 의해 밖으로 드러난다고 보았다. 그의 몸과 일은 그가 마음속에 그려온 것을 보여준다. 병든 사람은 병을, 가난한 사람은 가난을, 부자는 부를 그려왔다.

사람들은 종종 "너무 어려서 병이 무슨 뜻인지도 모르는 어린아이가 왜 병에 걸리나요?"라고 말한다.

나는 "아이들은 자신에 대한 다른 사람의 생각에 민감하고 수용적이며, 종종 부모의 두려움을 그려낸다"라고 대답한다.

한 형이상학자는 "잠재의식을 스스로 실행하지 않으면 다른 사람이 대신 실행해준다"라고 말한 적이 있다.

어머니는 무의식적으로 자녀를 계속 두려움에 사로잡히게 하고 그 증상을 주시함으로써 자녀에게 질병과 재앙을 불러일으키는 경우가 많다.

예를 들면, 한 친구가 어떤 여성에게 어린 딸이 홍역에 걸렸는지 물었다. 그녀는 즉시 "아직 안 걸렸어!"라고 대답했다. 이것은 그녀가 질병을 예상하고 있으며, 자신과 아이에게 일어나지 않기를 바라고 있다는 것을 암시했다.

그러나 중심을 잡고 바른 생각에 굳건히 선 사람, 상대방에게 선의만 보내고 두려움이 없는 사람은 다른 사람의 부정적 생각에 흔들리거나 영향받지 않는다. 실제로 그는 좋은 생각만 보내므로 좋은 생각만 받을 수 있다.

저항은 인간을 "고통의 상태"에 빠뜨리는 지옥이다. 한 형이상학자가 인생의 게임에서 항상 쓸 수 있는 멋진 비법을 알려준 적이 있는데, 그것은 바로 무저항을 절정의 단계까지 끌어올리는 것이다. 그는 이렇게 말했다. "제 인생에서 한때 저는 아이들에게 세례를 주었습니다. 그리고 당연히 세례명이 많지요. 지금은 더 이상 아이들에게 세례를 주지 않고 사건들에 세례를 주지만, 모든 사건에 같은 이름을 붙입니다. 실패가 있어도 저는 그것을 '성공'이라고 명명하고, 성부와 성자와 성령의 이름으로 세례를 줍니다!"

여기서 우리는 무저항을 바탕으로 한 위대한 변화의 법칙을 발견할 수 있다. 그는 말을 통해 모든 실패를 성공으로 바꾸었다.

예를 들면, 돈이 필요하고 부유함의 영적 법칙을 알고 있는 한 여자가 자신을 매우 가난하게 만드는 남자와 계속 사업 관계에 놓이게 되었다. 그 남자는 부족과 한계에 대해 이야기했고, 그녀는 그의 가난에 대한 생각에 붙들리기 시작했다. 그래서 그녀는 그를 싫어했고 자신의 실패에 대해 그를 비난했다. 그녀는 공급을 시현하기 위해 먼저 자신이 받았다고 느껴야만 했다. 즉, 풍요로움을 느끼는 것이 풍요로움을 보이는 것보다 선행되어야 했다.

어느 날 문득 그녀는 자신이 그 상황에 저항하며 하

나가 아닌 두 개의 힘을 보고 있다는 사실을 깨달았다. 그래서 그녀는 그 남자를 축복하고 그 상황에 "성공"이라는 세례를 주었다! 그녀는 "오직 하나의 힘인 하나님만 계시기에 이 남자는 나의 유익과 번영을 위해 여기 있는 것"이라고 긍정했다. 얼마 지나지 않아 그녀는 이 남자를 통해 한 여자를 만났고, 그 여자는 그녀에게 일의 대가로 수천 달러를 주었으며, 그 남자는 먼 도시로 옮겨간 후 그녀의 삶에서 조화롭게 사라졌다. "모든 사람은 나의 선(善)의 사슬에 있는 황금 고리이다"라고 말하라. 왜냐하면 모든 사람은 현현하신 하나님이며, 인간은 자신의 인생에 있는 신의 계획에 봉사할 기회를 기다리고 있기 때문이다.

"적을 축복하면 적의 탄약을 빼앗는다." 그의 화살은 축복으로 바뀔 것이다.

이 법칙은 개인뿐만 아니라 국가에도 적용된다. 어떤 나라를 축복하고 그 국민에게 사랑과 선의를 베풀면

해를 끼치는 그들의 힘은 빼앗기게 된다.

인간은 영적 이해를 통해서만 무저항에 대한 올바른 생각을 얻을 수 있다. 내 학생들은 종종 이렇게 말하곤 한다. "저는 문턱이 되고 싶지 않아요." 그러면 나는 "지혜롭게 무저항을 사용하면 아무도 당신을 밟고 지나갈 수 없을 거예요"라고 대답한다.

예를 들면, 어느 날 나는 중요한 전화를 초조하게 기다리고 있었다. 나는 기다리는 전화에 방해가 된다는 생각에, 오는 모든 전화를 거부하고 전화도 걸지 않았다.

"신의 생각은 결코 충돌하지 않으며 전화는 적절한 때에 올 것이다"라고 말하며 무한한 지성에 맡기는 대신, 나는 전투를 하나님의 것이 아닌 내 것으로 만들며 긴장과 불안을 유지한 채 스스로 일을 관리하기 시작했다. 전화벨은 울리지 않았다. 한 시간 정도 기다리다가 전화기를 살펴보니 수신기가 꺼져 있는 것을 발견했다. 그 시간 동안 전화기가 끊어져 있었던 것이다.

나의 불안과 두려움, 간섭에 대한 믿음이 전화기를 먹통으로 만들었다. 무슨 짓을 했는지 깨달은 나는 즉시 상황을 축복하기 시작했다. 상황에 "성공"이라는 세례를 주며 "나는 신의 권리에 의해 나에게 속한 그 전화를 잃을 수 없으며, 나는 율법 아래에 있지 않고 은혜 아래에 있다"라고 긍정했다.

한 친구가 가장 가까운 전화기로 달려가 회사에 재연결을 요청했다. 그녀는 붐비는 식료품점에 들어갔는데, 가게 주인은 손님들을 뒤로하고 직접 그 전화 일을 맡아 주었다. 전화는 즉시 연결되었고, 2분 후 나는 아주 중요한 전화를 받았고, 한 시간 정도 후에 내가 기다리던 전화도 받았다.

잔잔한 바다 위로 배가 들어온다.

사람이 어떤 상황에 저항하는 한, 그 상황은 그와 함께할 것이다. 상황에서 도망친다고 해도 상황은 뒤쫓을 것이다.

예를 들면, 언젠가 한 여성에게 이 말을 전했더니 그녀가 대답했다. "정말 그래요! 저는 집에서 불행했고, 비판적이고 횡포를 부리는 어머니가 싫어서 가출해서 결혼했지만, 남편이 어머니와 똑같아서 다시 같은 상황에 놓이게 되었어요"라고 말했다.

"네 대적과 빨리 합의하라." 이 말은, 불리한 상황을 선하다고 인정하고 그것에 흔들리지 않으면 상황의 무게가 떨어져 나간다는 뜻이다. "이런 것들이 나를 움직이지 못한다"라는 말은 멋진 긍정의 표현이다. 부조화의 상황은 인간 내면의 부조화에서 비롯된다.

부조화의 상황에 감정적 반응이 없을 때 그 상황은 그 길에서 영원히 사라진다. 이렇게 우리는 사람의 일은 언제나 자신과 함께한다는 것을 알 수 있다.

사람들은 나에게 "남편이나 오빠를 바꿀 수 있는 치료를 해주세요"라고 말한다. 그러면 나는 "아니요, 당신이 변하면 남편과 오빠도 변할 것이니 당신을 위한 치료를 해드리겠습니다"라고 대답한다.

내 학생 중 한 명은 거짓말하는 습관이 있었다. 나는 그 학생에게 거짓말은 실패하는 방법이며 거짓말을 하면 거짓말을 당하게 될 것이라고 말했다. 그러자 그 학생은 "상관없어요. 거짓말하지 않고는 잘 지낼 수가 없는걸요"라고 대답했다.

어느 날 그녀는 매우 사랑하는 남자와 전화 통화를 하고 있었다. 그녀는 나를 보며 "그 사람을 믿지 못하겠어요. 거짓말하는 거 알거든요"라고 말했다. 나는 "글쎄요, 당신이 거짓말을 하니까 누군가도 당신에게 거짓말을 해야 하고, 그 누군가는 분명 당신이 진실을 듣기 원하는 사람이라는 것을 알게 될 거예요"라고 대답했다.

얼마 후 그녀를 만났더니 "저는 거짓말하는 것에서 치료되었어요"라고 말했다. 그래서 내가 물었다. "무엇이 당신을 치료했나요?" 그녀가 대답했다. "저보다 더 심하게 거짓말하는 여자와 지냈거든요!" 사람은 종종 다른 사람의 잘못에서 자신의 잘못을 보고 치료받기도 한다. 인생은 거울과 같아서 우리는 동료에게 비친 자신을 발견한다.

과거에 얽매여 사는 것은 실패의 방법이며 영적 법칙을 위반하는 것이다.

예수 그리스도께서는 "보라, 지금은 은혜받을 만한 때요, 보라, 지금은 구원의 날이로다"라고 말씀하셨다. 롯의 아내는 뒤를 돌아보았기 때문에 소금 기둥으로 변했다.

시간의 강도는 과거와 미래이다. 과거가 자신을 속박한다면 과거를 축복하고 잊어야 하며, 미래에 무한한 기쁨이 기다리고 있다는 것을 알고 미래를 축복하되 현재를 온전하게 살아야 한다.

예를 들면, 한 여성이 크리스마스 선물을 살 돈이 없다고 불평하며 나를 찾아왔다. 그녀는 "작년에는 돈이 많아서 멋진 선물을 줄 수 있었는데 올해는 한 푼도 없다"라고 말했다.

나는 "연민을 느끼며 과거에 사는 동안에는 절대로 돈이 보이지 않을 거예요. 지금을 온전히 살면서 크리스마스 선물을 준비하세요. 도랑을 파면 돈은 저절로 따라옵니다"라고 대답했다. 그러자 그녀가 외쳤다. "어떻게 해야 할지 알겠어요! 반짝이 노끈과 크리스마스실, 포장지를 사올게요." 나는 "그렇게 하면 선물이 와서 크리스마스실에 저절로 붙을 거예요"라고 대답했다.

이 역시 "더 들어올지 확신할 수 없으니 있는 것을 모두 지키라"라고 이성의 마음이 말할 때, 재정에 대한 두려움 없이 하나님에 대한 믿음을 드러낸 것이다.

그녀는 크리스마스실, 포장지, 반짝이 노끈을 샀고 크리스마스 며칠 전에 수백 달러를 선물로 받았다. 크리스마스실과 노끈을 사는 것은 무의식에 기대감을 심어주었고, 돈이 나타날 수 있는 길을 열어주었다. 그녀는 충분한 시간 안에 모든 선물을 마련했다.

인간은 현재에 매달려 살아야 한다. "그러므로 오늘을 잘 보살피라! 이것이 새벽의 인사말이다." 그는 영적으로 깨어 있어야 하며, 항상 그분의 인도하심을 기다리며 모든 기회를 활용해야 한다.

어느 날 나는 계속 (조용히) "무한한 영이시여, 단 하나의 비법이라도 놓치지 않게 하소서"라고 말했는데, 그날 저녁에 아주 중요한 말을 들었다. 하루를 올바른 말로 시작하는 것이 필요하다.

잠에서 깨자마자 긍정하라. 예를 들면, "오늘 당신의 뜻이 이루어지리다! 오늘은 완성의 날입니다. 기적이 계속 뒤를 잇고 경이로움이 절대 멈추지 않을 오늘을 주셔서 감사합니다."

이를 습관화하면 삶에 기적과 경이로움이 찾아오는 것을 보게 될 것이다.

어느 날 아침 나는 어떤 책을 집어 들어 "당신 앞에 있는 것을 경이롭게 바라보라!"라는 구절을 읽었다. 그 구절이 그날의 메시지인 것 같아서 "당신 앞에 있는 것을 경이롭게 바라보라"를 몇 번이고 반복했다.

정오 무렵, 특정 목적을 위해 원하던 거액의 돈이 내게 주어졌다.

뒤의 장에서는 내가 효과가 있다고 발견한 긍정의 말들을 알려주겠다.* 그러나 긍정이 자신의 의식에 완벽한 만족과 설득을 주지 못한다면 그 긍정을 사용하지 말아야 한다. 긍정은 종종 다른 사람에게 적합하게 바뀌기도 한다.

예를 들면, 다음의 긍정은 많은 사람에게 성공을 가져다주었다.

"나는 훌륭한 일을 훌륭한 방식으로 한다. 나는 훌륭한 보수를 받고 훌륭한 서비스를 제공한다."

처음 줄은 내가 한 학생에게 주었고, 나머지 줄은 그 학생이 추가했다.

이것은 완벽한 서비스에는 완벽한 보상이 따라야 한

---

* 10장에 나온다.

다는 메시지를 강하게 담고 있으며, 운율(rhyme)의 형식을 띠고 있어 무의식에 쉽게 각인되었다. 그녀는 그것을 큰 소리로 노래했고, 곧 훌륭한 일을 훌륭한 방식으로 하고, 훌륭한 보수를 받고 훌륭한 서비스를 제공했다.

사업가인 또 다른 학생은 "일"이라는 단어를 "사업"으로 바꾸었다.

그는 "나는 훌륭한 사업을 훌륭한 방식으로 한다. 나는 훌륭한 보수를 받고 훌륭한 서비스를 제공한다"를 반복했다. 그는 몇 달 동안 아무런 활동이 없었지만, 그날 오후 4만1천 달러의 계약을 완성했다.

모든 긍정은 신중하게 작성하고 완전하게 "포함해야" 한다.

예를 들면, 나는 도움이 절실히 필요한 한 여성을 알

고 있다. 그 여성은 일자리를 달라고 요구했다. 그녀는 많은 일을 했지만 보수는 전혀 받지 못했다. 이제 그녀는 "훌륭한 보수를 받고 훌륭한 서비스를 제공한다"를 덧붙일 줄 알게 되었다.

풍족하게 사는 것은 인간의 신성한 권리이다! 충분하고도 남을 정도로!

"그의 곳간은 가득 차고 그의 잔은 넘쳐야 한다!" 이것이 인간에 대한 하나님의 생각이며, 인간이 자신의 의식에서 결핍의 벽을 허물 때 황금시대가 그의 것이 될 것이며, 그의 마음의 모든 의로운 소망이 이루어질 것이다!

5장

카르마의 법칙과 용서의 법칙

인간은 자신이 준 것만 받는다. 인생의 게임은 부메랑 게임이다. 사람의 생각, 행동, 말은 조만간 놀라운 정확도로 자신에게 돌아온다.

이것이 바로 산스크리트어로 "돌아오다"라는 뜻의 카르마(Karma) 법칙이다. "사람이 무엇으로 심든지 그대로 거두리라."

예를 들면, 한 친구가 나에게 이 법칙을 설명하면서

자신의 이야기를 들려주었다.

"나는 이모에게 내 모든 카르마를 만들어. 내가 이모에게 무슨 말을 하면 누군가는 항상 나에게 그 말을 하더라고. 나는 집에서 짜증을 자주 내는 편인데, 어느 날 저녁 식사를 하던 중에 이모에게 이렇게 말했어. '말 좀 그만하세요. 조용히 밥 먹고 싶어요.'"

"다음 날 나는 좋은 인상을 남기고 싶었던 한 여성과 함께 점심을 먹고 있었어. 내가 활기차게 이야기하고 있는데 그녀가 '말 좀 그만하세요. 조용히 밥 먹고 싶어요'라고 하더라고."

내 친구는 매우 높은 의식 상태에 있었기 때문에 그녀의 카르마는 매우 빠르게 돌아왔다.

사람은 더 많이 알수록 더 많은 책임이 있으며, 영적 법칙을 알고 있으면서도 실천하지 않는 사람은 결과적으로 큰 고통을 겪는다. "주(법칙)를 경외하는 것이 지혜의 시작이다." "주"라는 단어를 "법칙"으로 읽으면 성경의 많은 구절이 훨씬 더 명확해진다.

"복수하는 것이 내게 있으니 내가 갚으리라고 주(법칙)께서 말씀하셨다." 이것은 복수는 법칙이 하는 것이지 하나님이 하는 것이 아니라는 뜻이다. 하나님은 인간을 "그분의 형상(상상)으로 창조"되고 "권세와 지위"를 부여받은 완전한 존재로 보신다.

이것이 신의 마음에 등록된 인간에 대한 완벽한 생각이다. 사람은 자신이 생각하는 대로만 존재할 수 있고, 자신이 달성할 수 있다고 믿는 대로만 성취할 수 있다.

"지켜보는 사람이 없이는 아무 일도 일어나지 않는다"라는 옛 속담이 있다.

인간은 자신의 실패나 성공, 기쁨이나 슬픔을 상상에서 먼저 본 뒤에 현실로 이동한다. 우리는 아이의 질병을 걱정하는 어머니나 남편의 성공을 기원하는 아내에게서 이러한 현상을 관찰한다.

예수 그리스도께서는 "진리를 알지니 진리가 너희를 자유케 하리라"라고 말씀하셨다. 따라서 우리는 (모든 불행한 상황으로부터의) 자유가 지식, 즉 영적 법칙에 대한 지식을 통해 온다는 것을 알 수 있다.

순종이 권위보다 먼저이다. 사람이 법칙에 순종할 때 법칙은 사람에게 순종한다. 전기의 법칙이 인간의 하인이 되려면 먼저 전기의 법칙에 순종해야 한다. 전기를 무지하게 다루면 인간의 치명적인 적이 된다. 마음의 법칙도 마찬가지이다!

예를 들면, 의지가 강한 한 여성은 지인 소유의 집을 갖고 싶었고, 종종 그 집에 사는 자신의 모습을 상상하곤 했다. 시간이 지나 그 남자는 죽었고 그녀는 그 집으로 이사했다. 그로부터 몇 년 후, 영적 법칙을 알게 된 그녀는 나에게 이렇게 말했다. "제가 그 남자의 죽음과 관련이 있다고 생각하세요?" 나는 대답했다. "네. 당신의 욕망이 너무 강해서 모든 것이 그것을 위해 길을 만들었지만 당신은 카르마의 빚을 갚았습니다. 당신이 헌신적으로 사랑했던 남편은 얼마 지나지 않아 죽었고, 그 집은 몇 년 동안 당신의 손에 있는 흰 코끼리처럼 거추장스러운 선물이 되었지요."

그러나 원래 주인도 진리를 적극적으로 생각했더라면 그녀의 생각에 영향을 받지 않았을지도 모른다. 그녀의 남편도 그랬을지도 모른다. 그러나 둘 다 카르마의 법칙 아래에 있었다. 그 여자는 (그 집에 대한 열망을 크게 느낄 때) 이렇게 기도했어야 했다. "무한한 지성이시여, 이 집만큼이나 매력적인 집, 신의 권리에 의해 저의 소유가 되는 집을 주십시오." 신의 선택은 완벽한 만족을 주고 모두에게 유익을 주었을 것이다. 신의 유형은 사용하기에 유일하게 안전한 유형이다.

욕망은 엄청난 힘이며, 올바른 길로 향하지 않으면 혼란이 뒤따른다. 시현할 때 가장 중요한 단계는 처음에 "올바르게 구하는 것"이다. 인간은 항상 신성한 권리에 의해 주어진 자신의 것만을 요구해야 한다.

다시 그 사례로 돌아가보자. 그 여성이 "제가 원하는 이 집이 제 것이라면 잃을 수 없고, 그렇지 않다면 그에 상응하는 집을 주소서"라는 태도를 취했다면 그 남자는 조화롭게 이사를 가기로 결정했거나(그것이 그녀를 위한 신의 선택이었다면), 그 여성을 위해 다른 집이 주어졌을 것이다. 개인 의지를 통해 강제로 시현된 것은 그것이 무엇이든 항상 "나쁘게 얻은 것"이며 "항상 나쁜 성공"을 가져온다.

인간은 "내 뜻대로 마옵시고 아버지의 뜻대로 하옵소서"라는 훈계를 받는다. 신기한 것은, 인간이 개인 의지를 포기할 때 항상 원하는 것을 얻으며, 이로써 무한한 지성이 인간을 통해 일한다는 것이다.

"너희는 가만히 서서 주(법칙)의 구원을 보라."

예를 들면, 한 여성이 큰 고민을 안고 나를 찾아왔다. 그녀의 딸은 매우 위험한 여행을 떠나기로 결심했고, 그녀는 어머니로서 두려움에 가득 차 있었다. 그녀는 모든 수단을 동원해 여행의 위험성을 지적하며 여행을 금지했지만, 딸은 점점 더 반항적이고 단호해졌다. 나는 그녀에게 "당신은 딸에게 당신의 개인 의지를 강요하고 있는데, 그럴 권리가 없어요. 사람은 자신이 두려워하는 것을 끌어당기기 때문에 여행에 대한 두려움만 키우고 있다고요"라고 말했다. 나는 "이제 당신의 정신적 손을 떼고 하나님의 손에 맡기세요. 그리고 이 말을 하도록 하세요"라고 말했다. "저는 이 상황을 무한한 사랑과 지혜의 손에 맡깁니다. 만약 이 여행이 신의 계획이라면 저는 이 여행을 축복하고 더 이상 저항하지 않겠습니다. 하지만 신의 계획이 아니라면 여행이 지금 분해되어 없어진 것을 감사드립니다." 그로부터 하루나 이틀 후 딸이 "엄마, 저 여행 포기했어요"라고 말했고, 상황은 다시 "원래의 아무것도 없는" 상태로 돌아갔다.

이것은 인간에게 너무나 어려워 보이는 "가만히 서 있는 법"을 배우는 것이다. 이 법칙은 무저항에 관한 장에서 자세히 다루었다.

나는 최근에 신기한 방식으로 찾아왔던, 씨를 뿌리고 거두는 법칙의 또 다른 사례를 들어보겠다.

한 여성이 은행에서 위조된 20달러 지폐를 받았다며 나를 찾아왔다. 그녀는 "은행 직원이 실수를 인정하지 않을 것 같다"라며 매우 불안해했다.

나는 "상황을 분석해 당신이 왜 그 상황을 끌어당겼는지 알아봅시다"라고 대답했다. 그녀는 잠시 생각하더니 이렇게 외쳤다. "아, 그렇지! 친구에게 장난삼아 큰돈을 보냈어요." 법칙은 장난이라는 것을 전혀 알지 못하기 때문에 그녀에게 위조지폐를 돌려주었던 것이다.

나는 "이제 우리는 용서의 법칙에 호소하여 상황을 무력화시킬 것입니다"라고 말했다.

기독교는 용서의 법칙에 기초한다. 그리스도는 우리를 카르마의 저주에서 구해 주셨고, 각 사람 안에 계신 그리스도는 모든 부조화의 상황으로부터 구해 주시는 주님이시자 구원자이시다.

그래서 나는 이렇게 말했다. "무한한 영이시여, 우리는 용서의 법칙에 호소하며, 그녀가 율법 아래 있지 않고 은혜 아래 있으며, 신의 권리에 의해 그녀의 소유가 된 이 20달러를 잃을 수 없는 것을 감사드립니다."

"이제 은행으로 돌아가 두려워하지 말고 돈을 잘못

받았다고 말하세요"라고 내가 말했다. 그녀는 순종했고, 놀랍게도 은행은 그녀에게 사과하고 다른 지폐를 주면서 가장 정중하게 대해 주었다.

이렇게 법칙에 대한 지식은 인간에게 "자신의 실수를 지울" 수 있는 힘을 준다. 인간은 자신의 외부 상황을 억지로 바꿀 수 없다.

풍요로움을 원한다면 먼저 의식이 풍요로워야 한다.

예를 들면, 한 여성이 나에게 번영을 위한 치료를 요청하러 왔다. 그녀는 집안일에 별로 관심이 없었고, 집안이 매우 어지러웠다.

나는 그녀에게 "부자가 되고 싶다면 정리 정돈을 잘 해야 합니다. 큰 부를 가진 사람은 모두 질서정연하며, 질서는 천국의 첫 번째 법칙입니다." 그리고 "당신은 이대로는 절대로 부자가 될 수 없습니다"라고 덧붙였다.

유머 감각이 좋았던 그녀는 곧바로 집 안 정리를 시작했다. 가구를 재배치하고, 서랍장을 정리하고, 카펫을 청소했다. 그 후 그녀는 재정적으로 크게 시현했다. 한 친척이 선물을 준 것이다. 이 여성은 하나님이 자신의 공급자이심을 알고 항상 외부를 주시하고 기대하면서 자신을 재정적으로 다잡아 나갔다.

많은 사람이 선물과 물건이 투자라는 사실, 그리고 쌓아두거나 변함없이 저축만 하면 손실로 이어진다는 사실을 모른다. "남을 위해 아낌없이 돈을 써도 더욱 부유해지는 자가 있고 지나치게 아껴도 여전히 가난한 자가 있다."

예를 들면, 나는 모피 안감으로 된 외투를 사고 싶어 했던 한 남자를 알고 있다. 그는 아내와 함께 여러 상점에 갔지만 원하는 것이 없었다. 모두 싸구려밖에 없다고 했다. 마침내 세일즈맨이 1천 달러짜리 코트를 하나 보여주었고, 시즌 후반이라서 매니저가 500달러에 팔겠다고 제안했다.

하지만 그의 재산은 약 700달러에 불과했다. 이성적인 사람이라면 "전 재산을 코트 하나에 쓸 수는 없지"라고 말했을 테지만, 그는 직관이 강했고 논리적으로 생각하지 않았다.

그는 아내를 향해 "이 코트를 사면 엄청난 돈을 벌 수 있을 거야!"라고 말했다. 아내는 마지못해 동의했다.

약 한 달 후, 그는 1만 달러의 커미션을 받았다. 코트가 없었다면 커미션을 받지 못했을 것이다. 코트는 그를 부자로 느끼게 해주었고 성공과 번영으로 연결시켜 주었다. 큰 수익을 거둔 투자였다!

사람이 지출이나 소비에 대한 이러한 인도하심을 무시하면 같은 금액의 돈은 흥미롭지 않거나 불행한 방향으로 흘러갈 것이다.

예를 들면, 추수감사절에 한 여성이 추수감사절 저녁 식사를 할 형편이 안 된다고 가족에게 알렸다. 그녀는 돈이 있었지만 저축하기로 결정했다. 며칠 후, 누군가가 그녀의 방에 들어와 서랍에서 저녁 식사 비용과 정확히 같은 액수의 돈을 훔쳐 갔다.

법칙은 지혜롭고 두려움 없이 지출하는 사람을 지지한다.

예를 들면, 내 학생 중 한 명이 어린 조카와 함께 쇼핑을 하고 있었다. 아이는 장난감을 사달라고 졸랐지만 그녀는 조카에게 사줄 수 없다고 말했다. 그녀는 갑자기 자신이 하나님을 공급자로 인정하지 않고 부족함을 추구하고 있다는 것을 깨달았다! 그래서 장난감을 샀고, 집으로 돌아오는 중에 길에서 자신이 지불한 금액과 정확한 액수의 돈을 주었다.

사람은 전적으로 신뢰할 때 무한히 공급받고 실패하

지 않는다. 믿음이나 신뢰가 선행되어야 한다. "네 믿음대로 되리라." "믿음은 바라는 것들의 실상이요, 보이지 않는 것들의 증거이다." 믿음은 바라는 것을 견고하게 하고 부정적인 이미지를 녹아 없어지게 한다. 그리고 "우리가 낙심하지 아니하면 때가 이르면 거두리라."

예수 그리스도께서는 카르마의 법칙을 뛰어넘는 더 높은 법칙이 있다는 좋은 소식(복음)을 전하셨다. 그 법칙은 은혜의 법칙, 즉 용서의 법칙이다. 그것은 인간을 원인과 결과의 법칙, 즉 카르마의 법칙에서 해방시킨다. "율법 아래 있지 않고 은혜 아래 있다."

우리는 사람이 이 세상에서 심지 않은 곳에서 거둔다는 말을 듣는다. 하나님의 선물은 우리에게 주어질 뿐이다. "왕국이 제공하는 모든 것이 다 그의 것이다." 이러한 계속적인 행복의 상태가 인간(또는 세상)의 생각을 극복한 사람을 기다린다.

세상에는 환난이 있다고 생각하지만 예수 그리스도께서는 이렇게 말씀하셨다. "담대하라, 내가 세상을 이기었노라."

세상의 생각은 죄와 질병과 죽음에 대한 생각이다. 예수님은 그것들의 절대적 비현실성을 보시고, 질병과 슬픔이 사라지고 최후의 적인 죽음이 극복될 것이라고 말씀하셨다.

이제 우리는 과학적 관점에서 영원한 젊음과 영생에 대한 확신을 잠재의식에 각인함으로써 죽음을 극복할 수 있다는 것을 알고 있다.

잠재의식은 단순한 힘일 뿐이고 방향성이 없기 때문에 명령을 조건 없이 받아들인다.

초의식(인간 안에 있는 그리스도 또는 하나님)의 지시에 따라 일하면 "몸의 부활"이 이루어질 것이다.

기독교는 죄의 용서와 "빈 무덤"에 기초하기 때문에 인간은 더 이상 죽어서 몸을 버리지 않을 것이며, 월트 휘트먼이 노래한 "전기적 신체"*로 변모할 것이다.

---

* 월트 휘트먼(Walt Whitman)의 시 〈I Sing the Body Electric〉에 나오는 표현으로, 인간의 신체와 영혼이 서로 연결되어 있다는 것을 강조한다.

6장

짐을 맡기기: 잠재의식에 새기기

 자신에게 있는 힘과 마음이 어떻게 작용하는지 알게 되었다면, 이제 가장 큰 바람은 잠재의식을 좋은 것으로 새길 가장 쉽고 빠른 방법을 찾아내는 것이다. 진리를 아는 것만으로는 결과를 가져올 수 없기 때문이다.

 나의 경우에는 "짐을 맡기는 것"이 가장 쉬운 방법이라는 것을 발견했다.

 어떤 형이상학자는 이것을 이렇게 설명한 적이 있다.

"자연에서 어떤 것에 무게를 주는 유일한 것은 중력의 법칙이다. 만약 바위를 지구 위로 높이 올린다면 그 바위에는 무게가 없을 것이다." 예수 그리스도께서 말씀하신 것의 의미가 바로 이것이다. "내 멍에는 쉽고 내 짐은 가볍다."

그는 세계의 파동을 초월해 완벽, 완성, 생명, 기쁨만이 존재하는 4차원의 영역에서 활동했다.

그는 말했다. "수고하고 무거운 짐 진 자들아. 다 내게로 오라. 내가 너희를 쉬게 하리라." "내 멍에는 쉽고 내 짐은 가벼우니 나의 멍에를 메라."

시편 55편에서도 "네 짐을 주께 맡기라"라고 말하고 있다. 성경의 많은 구절에서 전투는 사람이 아닌 하나님의 것이며, 사람은 항상 "가만히 서서" 주님의 구원을 바라보아야 한다고 말한다.

이것은 초의식(또는 내면의 그리스도)이 인간의 싸움을 대신 싸워주고 짐을 덜어주는 것을 보여준다.

그러므로 사람이 짐을 지고 있으면 법칙을 위반하는 것이다. 짐은 불리한 생각이나 상태이며, 이러한 생각이나 상태는 잠재의식에 뿌리를 두고 있음을 알 수 있다.

이성적으로 생각하는 마음(지성)은 개념에 한계가 있고, 의심과 두려움으로 가득 차 있다. 따라서 의식(이성적이거나 의식적인 마음)에서 잠재의식을 끌어내는 것은 거의 불가능해 보인다.

그렇다면 "가볍게 하거나" "본래의 무"로 녹아들게 하는 초의식(또는 내면의 그리스도)에 짐을 맡기는 것이 얼마나 과학적인가.

예를 들면, 돈이 급하게 필요한 한 여성이 "나는 (내면의) 그리스도에게 이 부족의 짐을 맡기고 자유롭게 많이 가진다!"라고 말함으로써 초의식인 내면의 그리스도를 통해 "가벼워졌다"라고 했다.

부족에 대한 믿음이 그녀의 짐이었다. 그 짐을 풍요에 대한 믿음으로 초의식에 맡기자 공급이 눈사태처럼 주어지는 결과가 일어났다.

우리는 "너희 안에 계신 그리스도는 영광의 소망"이라는 구절을 읽는다.

또 다른 예가 있다. 내 학생 중 한 명이 새 피아노를 받았는데, 기존 피아노를 치울 때까지 스튜디오에 피아노를 놓을 공간이 없었다. 그녀는 당황했다. 그녀는 오래된 피아노를 계속 갖고 싶었지만 둘 곳이 없었다. 새 피아노가 당장 올 터인데, 사실 오는 중인데 놓을 곳이 없었기 때문에 그녀는 절망에 빠졌다. 그때 "이 짐을 내 안에 계신 그리스도께 맡기고 나는 자유로워지리라"라는 말이 떠올랐다고 한다.

잠시 후 그녀의 전화기가 울렸고, 친구가 그녀의 오래된 피아노를 빌려줄 수 있냐고 물었고, 새 피아노가 도착하기 몇 분 전에 피아노가 옮겨졌다.

나는 원한의 짐을 지고 있는 한 여성을 알고 있다. 그녀는 "나는 이 원한의 짐을 내 안에 계신 그리스도께 맡기고, 사랑스럽고 조화로우며 행복해지기 위해 자유로워졌다"라고 말했다. 전능하신 초의식이 잠재의식을 사랑으로 가득 채우자 그녀의 삶 전체가 바뀌었다. 수년 동안 원한은 그녀를 고통의 상태에 빠뜨리고 그녀의 영혼(잠재의식)을 가두었다.

긍정은 반복해서, 때로는 몇 시간을, 조용하게 또는 큰 소리로, 차분하지만 단호하게 해야 한다.

나는 그것을 빅트롤라*를 감는 것에 비유하곤 한다.

---

* 축음기를 통칭한다. 빅트롤라(Victrola)라는 브랜드에서 유래되었다.

우리는 말로 자신을 감아야 한다.

잠시 후 나는 "짐을 맡기는" 것에서 명확하게 보이는 것을 보았다. 육신의 생각에 사로잡혀 있는 동안에는 명확한 비전을 갖는 것이 불가능하다. 의심과 두려움이 몸과 마음을 독살하고 상상을 마구 날뛰게 하기 때문에 재앙과 질병을 불러온다.

"나는 이 짐을 내 안에 계신 그리스도께 맡기고 자유로워진다"라는 긍정을 꾸준히 반복하면 시야가 맑아지고 안도감이 생기며 조만간 건강, 행복, 공급 등의 선이 나타난다.

내 학생 중 한 명이 "동트기 전의 어둠"에 대해 설명해 달라고 부탁한 적이 있다. 나는 앞의 장에서, 큰 시현이 생기기 전에 종종 "모든 것이 잘못되는" 것 같고 깊은 우울감이 의식을 흐리게 한다는 사실을 언급했다. 이는 잠재의식으로부터 오랜 의심과 두려움이 올라오는 것을 의미한다. 잠재의식의 이 오래된 폐기물이 표면으로 올라와서 사라지는 것이다.

그때 사람은 여호사밧처럼 심벌즈를 치며 비록 적(결핍이나 질병의 상황)에 둘러싸여 있는 것 같아도 구원받은 것에 감사해야 한다. 학생은 계속해서 "얼마나 오래 어둠 속에 있어야 하나요?"라고 물었고, 나는 "어둠 속에서도 볼 수 있을 때까지"라고 하며 "짐을 맡기면 어둠 속에서도 볼 수 있다"라고 대답했다.

잠재의식에 새기려면 항상 적극적인 믿음을 가져야 한다.

"행함이 없는 믿음은 죽은 믿음이다." 이 장에서 나는 이 점을 강조하기 위해 노력했다.

예수 그리스도께서는 보리떡과 물고기에 대한 감사를 드리기 전에 "무리에게 잔디 위에 앉으라고 명령"하시며 적극적인 믿음을 보여주셨다.

이 단계가 얼마나 필요한지 보여주는 또 다른 예를 들어보겠다. 사실, 적극적인 믿음은 사람이 약속의 땅으로 가려면 지나가야 하는 다리이다.

한 여성이 오해로 인해 깊이 사랑하던 남편과 별거하게 되었다. 남편은 모든 화해 제안을 거절하고 어떤 식으로든 그녀와 소통하지 않았다.

영적 법칙을 알게 된 그녀는 분리의 모습을 부인했다. 그녀는 이렇게 말했다. "신의 마음에는 분리가 없으므로 나는 신의 권리에 의해 나에게 주어진 사랑과 동반자로부터 분리될 수 없다."

그녀는 매일 식탁에 그를 위한 자리를 마련하는 등 적극적인 믿음을 보였고, 그 결과 잠재의식에 그가 돌아오는 모습을 각인시켰다. 1년이 넘게 지속되었지만 그녀는 흔들리지 않았고, 어느 날 그가 걸어 들어왔다.

잠재의식은 종종 음악을 통해 새겨진다. 음악은 4차원의 특성이 있어 영혼을 감옥으로부터 해방시켜 준다. 음악은 멋진 일을 가능하게 하고 쉽게 성취할 수 있게 해준다!

이런 목적으로 매일 빅트롤라를 사용하는 친구가 있다. 그것은 그녀를 완벽한 조화로 이끌고 상상을 방출하게 한다.

또 다른 여성은 긍정을 하면서 춤을 추기도 한다. 음악과 움직임의 리듬과 조화는 그녀의 말에 엄청난 힘을 부여한다.

학생은 또한 "작은 것들의 날"을 경시하지 말아야 한다.

시현 전에는 항상 "땅의 신호"가 나타난다.

콜럼버스는 아메리카 대륙에 도착하기 전에 새와 나뭇가지를 보고 육지가 가까이 있다는 것을 알았다. 시현도 마찬가지이다. 그러나 학생들은 종종 그것을 시현으로 오해해 실망한다.

예를 들면, 한 여성이 한 세트의 요리를 위해 "말을 했다." 얼마 지나지 않아 한 친구가 그녀에게 낡고 금이 간 접시를 주었다.

그녀는 나에게 와서 "저는 요리를 달라고 했는데 받은 건 금이 간 접시뿐이었어요"라고 말했다.

나는 "접시는 땅의 신호일 뿐입니다. 그것은 당신의 요리가 오고 있다는 것을 보여줍니다. 새와 해초로 보시면 돼요." 얼마 지나지 않아 요리가 왔다.

계속해서 "믿는 것"은 잠재의식에 깊은 인상을 남긴다. 자신이 부자라고 믿고, 자신이 성공했다고 믿으면, "때가 이르면 거둘 것"이다.

어린이는 항상 "믿는 존재"이며, "너희가 돌이켜 어린 아이들과 같이 되지 아니하면 결단코 천국에 들어가지 못하리라"라고 말씀하셨다.

예를 들면, 나는 매우 가난했지만 아무도 그녀를 가난하게 만들 수 없었던 한 여성을 알고 있다. 그녀는 부유한 친구들로부터 소액의 돈을 받았는데, 그들은 끊임없이 그녀의 가난을 상기시키며 조심하고 저축하라고 충고했다. 친구들의 훈계에도 아랑곳하지 않고 그녀는 얻은 돈으로 모자를 사거나 누군가에게 선물을 주며 들뜬 마음을 감추지 못했다. 그녀의 생각은 항상 아름다운 옷과 "반지와 물건"에 꽂혀 있었고 남을 부러워하지 않았다.

그녀는 경이로운 세계에 살았고, 오직 부유함만이 그녀에게 현실처럼 보였다. 얼마 지나지 않아 그녀는 부자와 결혼했고 반지와 물건을 볼 수 있게 되었다. 그 남자가 "신의 선택"이었는지는 모르겠지만, 부유함만을 상상했던 그녀의 삶에는 부유함이 나타나야만 했다.

잠재의식에서 두려움을 지우기 전에 인간에게 평화나 행복은 없다.

두려움은 잘못된 방향의 에너지이므로 방향을 바꾸거나 믿음으로 전환해야 한다.

예수 그리스도는 "믿음이 작은 자들아 어찌하여 무서워하느냐", "믿는 자에게는 능히 하지 못할 일이 없느니라"라고 말씀하셨다.

나는 학생들에게서 "어떻게 하면 두려움을 없앨 수 있나요?"라는 질문을 자주 받는다. 나는 "두려운 것에 다가가면 됩니다"라고 대답한다.

"사자는 당신의 두려움에서 흉포함을 얻는다."

사자에게 다가가면 사자가 사라지고, 도망치면 사자가 당신을 쫓아올 것이다.

나는 앞의 장에서 개인이 두려움 없이 돈을 쓰면서 하나님이 그의 공급자이시며, 따라서 그는 실패하지 않으실 것이라는 믿음을 보여줄 때 부족의 사자가 어떻게 사라졌는지를 보여주었다.

내 학생 중 많은 이가 가난의 굴레에서 벗어나 돈이 나가는 것에 대한 두려움을 떨쳐버리고 풍요로운 삶을 살게 되었다. 하나님이 선물이시며 또한 선물을 주시는 분이라는 진리가 잠재의식에 각인되었다. 따라서 하나님과 선물은 하나이므로, 사람은 선물과도 하나가 된다. "이제 나는 선물을 주시는 하나님이 선물 그 자체라는 사실에 감사합니다"라는 멋진 말이 나온다.

인간은 오랫동안 분리와 결핍을 생각하면서 선(善)과 공급으로부터 자신을 분리해왔기 때문에 이러한 잘못된 생각을 잠재의식에서 제거하려면 때로는 다이너마이트가 필요하다. 어떤 큰 상황이 그 다이너마이트라고 할 수 있다.

앞의 사례에서 우리는 사람이 두려움 없는 모습을 보여줌으로써 그가 속박에서 벗어나는 과정을 보았다.

사람은 매시간 자신을 관찰하여 행동의 동기가 두려움인지 믿음인지 감지해야 한다.

"너희가 섬길 자를 오늘 택하라." 두려움인가, 믿음인가?

두려움은 개인의 성격일 수도 있다. 그렇다면 두렵게

느껴지는 사람을 피하지 말고 기꺼이 만나라. 그럴 때 그 사람이 "선의 사슬에 있는 황금 고리"가 되거나 개인의 길에서 조화롭게 사라질 것이다.

질병이나 세균에 대한 두려움일 수도 있다. 그렇다면 세균이 많은 상황에서도 두려워하지 않고 동요하지 않는다면 면역력을 얻을 수 있다. 사람은 세균과 동일한 속도로 진동하는 동안에만 세균에 감염될 수 있으며, 두려움은 사람을 세균의 수준으로 끌어내린다. 모든 생각은 대상화되어야 하므로, 당연히 질병을 옮기는 세균은 육신의 마음의 산물이다. 세균은 초의식이나 신의 마음에는 존재하지 않기 때문에 인간의 "헛된 상상"의 산물이다.

악은 힘이 없다는 것을 깨달을 때 인간은 "눈 깜짝할 사이에" 악에서 풀려날 것이다. 물질세계는 사라지고 4차원의 세계인 "경이로운 세계"가 속히 등장할 것이다.

"또 내가 새 하늘과 새 땅을 보니, 다시는 사망이 없고 애통하는 것이나 곡하는 것이나 아픈 것이 다시 있지 아니하리니 처음 것들이 다 지나갔음이러라."

7장

사랑

 이 행성의 모든 사람은 사랑을 시작하고 있다. "새 계명을 너희에게 주노니 서로 사랑하라." 우스펜스키는 《테르티움 오르가눔》에서 "사랑은 우주의 현상"이라고 말했다. 사랑은 인간에게 4차원의 세계, 즉 "경이로운 세계"를 열어준다.

 진정한 사랑은 이타적이고 두려움이 없다. 대가를 바라지 않고 애정의 대상에게 자신을 쏟아붓는다. 사랑의 기쁨은 주는 것에 있다. 사랑은 현현하는 신이며, 우주에서 가장 강력한 자석이다. 순수하고 이타적인 사랑은 찾거나 요구할 필요가 없이 스스로 자신을 끌어당긴다. 진정한 사랑이 무엇인지 희미하게 아는 사람은 거의 없다. 사람은 이기적이거나 폭압적이거나 두려움에 사로잡혀 그가 사랑하는 것을 잃는다. 질투는 사랑의 최악의 적이다. 사랑하는 사람이 다른 사람에게 끌리는 것을 보면 상상이 폭동을 일으킨다. 이러한 두려움은 무력화하지 않으면 항상 대상화한다.

예를 들면, 한 여성이 깊은 고민에 빠져 나를 찾아왔다. 사랑하는 남자가 다른 여자한테 빠져 그녀를 떠났고, 결혼할 생각이 전혀 없다고 통보했다. 그녀는 질투와 분노에 휩싸여 자신에게 고통을 준 것처럼 그도 고통을 받았으면 좋겠다고 말했다. 그러면서 "내가 그토록 사랑했는데 어떻게 나를 떠날 수 있느냐"라고 덧붙였다.

나는 "당신은 그 사람을 사랑하는 것이 아니라 미워

하는 것입니다"라고 대답하고 "당신은 주지 않은 것을 절대 받을 수 없습니다"라고 덧붙였다. "완벽한 사랑을 주면 완벽한 사랑을 받을 수 있어요. 그 남자에게 완벽해지세요. 그에게 완벽하고 이기심 없는 사랑을 주고, 대가를 바라지 말고, 비난하거나 정죄하지 말고, 그가 어디에 있든 그를 축복하세요."

그녀는 "아니요. 어디 있는지 알기 전에는 축복하지 않을 거예요!"라고 대답했다.

"글쎄요, 그건 진정한 사랑이 아니죠." 내가 말했다.

"당신이 진정한 사랑을 보내면 그 사람이든 그와 동등한 사람이든 진정한 사랑이 당신에게 돌아올 것입니다. 그 사람이 신의 선택이 아니라면 당신은 그를 원하지 않을 것이기 때문입니다. 당신은 신과 하나이므로 신의 권리에 의해 당신의 소유가 되는 사랑과 하나가 됩니다."

몇 달이 지나도 상황은 그대로였지만, 그녀는 자신에게 성실하게 임했다. 나는 그녀에게 "당신이 그의 잔인함에 더 이상 괴로워하지 않으면 그는 더 이상 잔인해지지 않을 것입니다. 왜냐하면 당신은 당신의 감정을 통해 그를 끌어당기기 때문입니다"라고 말했다.

그런 다음 나는 서로에게 "굿모닝"이라고 말하지 않는 인도의 형제애에 관해 이야기했다. 그들은 "당신 안에 있는 신에게 경의를 표합니다"라는 말을 사용했다. 그들은 인간 한 사람 한 사람, 그리고 정글의 야생 동물에 있는 신성을 환영하고 절대로 해치지 않았다. 왜냐하면 그들은 각각의 생명체 안에서만 신을 보았기 때문이다. 나는 "그 사람 안에 있는 신성을 존중하여 '나는 당신의 신성한 자아만 봅니다. 하나님이 당신을 보시는 것처럼 나도 당신을 봅니다. 당신은 완전하고 하나님을 닮은 형상으로 지어진 존재입니다'"라고 말하라고 했다.

그녀는 점점 더 평정심을 되찾고 분노를 잃어가는 자

신을 발견했다. 그 남자는 선장이었고, 그녀는 항상 그를 "캡(The Cap)"이라고 불렀다.

어느 날 그녀는 갑자기 "캡이 어디에 있든 신의 축복이 있기를"이라고 말했다.

나는 대답했다. "이제 그것이 진정한 사랑이며, 당신이 '완전한 원'이 되어 더 이상 상황에 방해받지 않을 때 당신은 그의 사랑을 받거나 그에 상응하는 사랑을 끌어당길 것입니다."

당시 나는 이사 중이었고, 전화기가 없어서 몇 주 동안 연락이 되지 않았는데, 어느 날 아침 "우리 결혼했어요"라는 편지를 받았다.

나는 가장 빠른 기회에 그녀에게 전화를 걸었다. 내가 처음 한 말은 "어떻게 된 일이에요?"였다.

"오, 기적이에요!"라고 그녀는 외쳤다. "어느 날 눈을 떴는데 모든 고통이 사라졌어요. 그날 저녁 그를 만났고, 그는 저에게 청혼을 했어요. 우리는 일주일 만에 결혼했고, 그보다 더 헌신적인 남자는 본 적이 없어요."

옛 속담이 있다. "누구도 당신의 적이 아니고, 누구도 당신의 친구가 아니며, 모든 사람이 당신의 스승이다."

그러므로 특정 개인에게 함몰되지 말고 각 사람이 나에게 가르쳐주는 것을 배워야 한다. 그러면 교훈을 얻고 자유로워질 것이다.

그 여자의 연인은 그녀에게 이타적인 사랑을 가르쳐주었다. 그것은 조만간 모든 남성이 배워야 할 교훈이다.

고통은 인간의 발달에 필요한 것이 아니라 영적 법칙을 위반한 결과이지만, 고통 없이 "영혼의 잠"에서 깨어

날 수 있는 사람은 거의 없는 것 같다. 사람이 행복하면 일반적으로 이기적으로 되고 자동으로 카르마의 법칙이 작동한다. 사람은 종종 감사의 부족으로 인해 손실을 겪는다.

나는 아주 좋은 남편을 둔 여성을 알고 있는데, 그녀는 종종 "나는 결혼한 것에 대해 전혀 신경 쓰지 않아요. 그렇다고 남편을 반대하는 것도 아니에요. 저는 결혼 생활에 관심이 없어요"라고 말하곤 했다.

그녀는 다른 것에 관심이 많았고, 남편이 있다는 사실도 거의 기억하시 못했다. 그녀는 남편을 볼 때만 남편을 생각했다. 어느 날 남편은 다른 여자와 사랑에 빠졌다고 말하고서 떠나버렸다. 그녀는 괴로워하고 분개하며 나를 찾아왔다.

나는 "당신이 말한 대로입니다. 결혼한 것에 대해 전혀 신경 쓰지 않는다고 했으니 잠재의식이 당신을 독신 상태로 만들기 위해 작동한 거예요"라고 말했다.

그녀는 "아, 그렇군요. 알겠어요. 사람은 자신이 원하는 것을 얻었을 때 부당한 대우를 받고 있다고 느끼죠"라고 말했다.

그녀는 곧 그 상황에 완벽하게 적응하였고, 서로 헤어지는 편이 훨씬 더 행복하다는 사실을 알게 되었다.

여성이 무관심하거나 비판적으로 되어 남편에게 영감을 주지 못하면 남편은 두 사람의 초기 관계에 있었던 자극을 그리워해 불안하고 불행하다고 느낀다.

한 남자가 낙담하고 비참하고 가난한 모습으로 나를 찾아왔다. 그의 아내는 "숫자의 과학"에 관심이 많아서 그에게 책을 읽게 했다. 그가 "아내는 내가 2라서 아무것도 할 수 없을 거라고 했어요"라고 말하는 것으로 보아 평가는 그다지 호의적이지 않은 듯했다.

나는 "당신의 숫자가 무엇이든 상관하지 않습니다. 당신은 신의 마음에 있는 완벽한 생각이며, 우리는 무한한 지성이 이미 당신을 위해 계획하신 성공과 번영을 요구할 것입니다"라고 대답했다.

몇 주 만에 그는 아주 좋은 지위를 얻었고 1~2년 후에는 작가로서 눈부신 성공을 거두었다. 자신의 일을 사랑하지 않는 사람은 일에서 성공할 수 없다. 예술가가 자신의 예술을 사랑해서 그리는 그림이 그의 가장 위대한 작품이 된다. 저급한 작품은 항상 무시를 받는 존재이다.

돈을 경멸하면 돈을 모을 수 없다. 많은 사람이 이렇게 말하며 가난을 유지한다. "돈은 내게 아무 의미도 없습니다. 나는 돈을 가진 사람을 경멸합니다."

이것이 많은 예술가가 가난한 이유이다. 돈에 대한 경멸이 그들을 돈과 분리시킨다.

한 예술가가 다른 예술가에 대해 한 말이 기억난다. "그는 예술가로서 훌륭하지 않다. 그는 은행에 돈이 있다."

당연히 이러한 마음의 태도는 인간을 공급으로부터 분리시킨다. 사람이 무언가를 끌어당기려면 그 사물과 조화를 이루어야 한다.

돈은 부족과 한계로부터의 자유라는 점에서 신과 같은 존재이지만, 항상 유통되고 올바른 용도로 사용되어야 한다. 비축과 저축은 냉혹한 복수로 돌아온다.

이것은 집이나 땅, 주식, 채권을 소유해서는 안 된다는 뜻이 아니다. "의인의 곳간이 가득 차리라"이기 때문에, 인간은 돈이 필요할 때를 대비해 원금조차도 쌓아두어서는 안 된다는 뜻이다. 하나님은 인간의 변함없고 무한한 공급자이시기 때문에 두려움 없이 유쾌하게 보내면 더 많은 것이 들어오는 길을 열어주신다.

이것이 돈에 대한 영적 태도이며, 위대한 우주의 은행은 결코 실패하지 않는다!

우리는 영화 〈탐욕〉에서 비축의 예를 볼 수 있다. 이 여성은 복권에서 5천 달러에 당첨되었지만 돈을 쓰지 않았다. 그녀는 저축하고 저축하여 남편을 고통과 굶주림에 시달리게 했고, 결국에는 바닥을 닦으며 생계를 꾸려나갔다. 그녀는 돈 자체를 사랑했고, 모든 것보다 돈을 더 중요하게 생각했는데, 어느 날 밤에 살해당해 돈을 빼앗기고 말았다.

이것은 "돈을 사랑함이 일만 악의 뿌리"라는 말씀의 한 예이다. 돈은 좋고 유익하지만, 파괴적인 목적으로 사용하거나, 비축하거나, 사랑보다 더 중요하게 여기면 질병과 재앙, 그리고 돈의 손실을 가져온다.

사랑의 길을 따라가면 만물이 더해진다. 하나님은 사랑이시고, 하나님은 공급이시기 때문이다. 이기심과 탐

욕의 길을 따라가면 공급이 사라지거나 사람이 공급에서 분리된다.

예를 들면, 나는 수입을 쌓아둔 매우 부유한 여성의 사례를 알고 있다. 그녀는 거의 아무것도 보내지 않고 자신을 위해 물건을 사고 또 샀다.

그녀는 목걸이를 매우 좋아했는데, 한 친구가 목걸이를 몇 개나 가지고 있는지 물었다. 그녀는 "67개"라고 대답했다. 그녀는 목걸이를 사서 휴지로 조심스럽게 싸서 보관했다. 목걸이를 사용했다면 합법적으로 사용할 수 있었겠지만, 그녀는 "사용의 법칙"을 위반하고 있었다. 그녀의 옷장은 한 번도 입지 않은 옷과 빛을 보지 못한 보석들로 가득했다.

그 여성의 팔은 점차 마비되어 물건을 잡을 수 없게 되었고, 결국 그녀는 자신의 일을 돌볼 능력이 없는 것으로 간주되어 그녀의 재산은 다른 사람에게 넘겨져 관리되었다.

이렇게 법칙에 무지하면 스스로 파멸을 불러온다.

모든 질병과 불행은 사랑의 법칙을 어기는 데서 비롯된다. 인간의 증오, 원망, 비판은 질병과 슬픔의 부메랑이 되어 돌아온다. 사랑은 거의 잃어버린 기술처럼 보이지만, 영적 법칙을 아는 사람은 사랑이 없으면 "울리는 징이나 요란한 꽹과리"가 되기 때문에 반드시 되찾아야 하는 것을 알고 있다.

예를 들면, 한 학생이 한 달에 한 번씩 나를 찾아와 분노의 의식을 깨끗이 씻어내려고 했다. 얼마 후, 그녀는 한 여자만을 분노하는 지점에 도달했는데, 그 여자로 인해 바쁘게 살게 되었다. 조금씩 침착해지고 조화가 이루어지더니 어느 날 모든 원한이 사라졌다.

그녀는 환하게 웃으며 외쳤다. "제가 어떤 기분인지

모르실 거예요. 그 여자가 나한테 뭐라 했는데, 저는 화를 내는 대신 다정하고 친절하게 대해 주었어요. 그리고 그녀는 저에게 사과하고 매우 친절하게 대해 주었죠. 제가 얼마나 홀가분하게 느껴지는지 누구도 알 수 없을 거예요!"

비즈니스에서 사랑과 선의는 매우 중요하다.

예를 들면, 한 여성이 고용주에 대해 불만을 토로하며 나를 찾아왔다. 그녀는 고용주가 냉정하고 비판적이며 그녀가 그 자리에 있는 것을 원치 않는다고 말했다.

나는 "글쎄요, 그 여자 안에 있는 신에게 경의를 표하고, 그 여자에게 사랑을 보내세요"라고 대답했다.

그녀는 "안 돼요, 대리석 같은 여자예요"라고 말했다.

그래서 나는 "어떤 대리석 조각을 달라고 했던 조각

가의 이야기를 기억하시죠? 그는 왜 그것을 원하느냐는 질문에 '그 대리석 안에 천사가 있기 때문'이라고 대답했고, 대리석으로 멋진 예술 작품을 만들었지요"라고 말해 주었다.

그녀는 "좋아요, 해볼게요"라고 말했다. 일주일 후 다시 돌아와서 "시키는 대로 했는데 그 여자가 매우 친절하게도 저를 차에 태워줬어요"라고 말했다.

몇 년 전 누군가에게 불친절하게 행동한 것을 후회하는 사람도 있을 것이다.

잘못을 바로잡을 수 없다면 현재 누군가에게 친절을 베풂으로써 그 효과를 무력화할 수 있다.

"나는 오직 한 일, 즉 뒤에 있는 것은 잊어버리고 앞에 있는 것을 잡으려고 달려가노라."

슬픔, 후회, 자책은 몸의 세포를 파괴하고 개인의 분위기를 독살한다.

어떤 여성은 깊은 슬픔에 잠겨 나에게 "슬픔 때문에 가족에게 짜증을 내서 카르마를 더 많이 쌓고 있으니 저를 행복하고 기쁘게 치료해 주세요"라고 말했다.

나는 딸을 잃고 슬퍼하는 한 여성에게서 치료해 달라는 요청을 받았다. 나는 상실과 이별에 대한 모든 믿음을 부정하고 하나님이 그녀의 기쁨, 사랑, 평화라고 긍정해 주었다. 이 여성은 곧 안정을 되찾았지만 "너무 행복해 보여 좋아 보이지 않는다"라며 더 이상 치료받지 말라는 말을 아들에게서 들었다.

이렇게 "육신의 마음"은 슬픔과 후회를 계속 품는 것을 좋아한다.

나는 고민거리를 자랑하고 다니던 어떤 여성을 안다.

그리고 그녀는 당연히 그 자랑거리를 항상 얻었다.

예전에는 자녀에 대해 걱정하지 않으면 좋은 엄마가 아니라는 생각이 있었다.

이제 우리는 엄마의 두려움이 아이들의 삶에 들어오는 많은 질병과 사고의 원인이라는 것을 안다.

두려움은 두려운 질병이나 상황을 생생하게 보여주며, 이러한 이미지는 무력화되지 않으면 대상화된다.

자녀를 하나님의 손에 맡기고, 따라서 자녀가 하나님의 보호를 받고 있다고 진심으로 말할 수 있는 어머니는 행복하다.

예를 들면, 한 여성이 밤에 갑자기 깨어나 오빠가 큰 위험에 처해 있다고 느꼈다. 그녀는 두려움에 굴복하는 대신 "인간은 신의 마음에 있는 완벽한 생각이며, 항상 올바른 위치에 있다. 따라서 내 오빠도 올바른 위치에 있으며 신의 보호를 받고 있다"라는 진리의 선언을 하기 시작했다.

다음날 그녀는 오빠가 광산에서 폭발 사고를 당할 뻔했지만 기적적으로 위기를 넘겼다는 사실을 알게 되었다.

이렇게 사람은 (생각으로) 그 형제를 지키는 자이며, 모든 사람은 사랑하는 사람이 "지존자의 은밀한 곳에 거주하며 전능자의 그늘 아래에 산다"라는 것을 알아야 한다.

"화가 네게 미치지 못하며 재앙이 네 장막에 가까이 오지 못하리니."

"온전한 사랑이 두려움을 내쫓는다. 두려워하는 자는 사랑 안에서 온전해지지 못한다."

"그러므로 사랑은 율법의 완성이니라."

8장

직관 또는 인도하심

"너는 범사에 그를 인정하라 그리하면
네 길을 지도하시리라."

자신이 하는 말의 힘을 알고 직관의 지시를 따르는 사람에게 이보다 더 큰 성취는 없다. 즉, 그는 말에 있는 보이지 않는 힘을 발휘하여 몸을 재건하거나 일을 재구성한다.

따라서 올바른 말을 선택하는 것이 가장 중요하며,

눈에 보이지 않는 것에 던지는 긍정을 신중하게 선택해야 한다.

그는 하나님이 자신의 공급자이시며, 모든 수요를 채울 공급이 있으며, 그가 입 밖으로 꺼낸 말이 이 공급을 방출한다는 것을 안다.

"구하라 그리하면 받으리라."

인간이 먼저 움직여야 한다. "하나님을 가까이하라 그리하면 너희를 가까이하시리라."

시현을 만드는 방법에 관한 질문을 자주 받는다.

나는 대답한다. "말을 한 다음 확실한 인도하심을 얻을 때까지 아무것도 하지 마세요." "무한한 영이시여, 길을 보여주세요, 제가 할 일이 있으면 알려주세요"라고 말하며 인도하심을 요청하라.

대답은 직관(또는 직감), 누군가 우연히 한 말, 책 속의 한 구절 등을 통해 올 것이다. 그 답은 때로 놀라울 정도로 정확하다. 예를 들면, 한 여성이 거액의 돈이 필요했다. 그녀는 이렇게 말했다. "무한한 영이시여, 저에게 공급의 길을 열어주시고, 지금 신의 권리에 의해 저의 소유가 되는 모든 것을 눈사태처럼 풍성하게 내려주십시오." 그런 뒤 "저에게 확실한 인도하심을 주시오며, 만약 제가 해야 할 것이 있다면 알려주세요"라고 덧붙였다.

그때 "한 친구(그녀를 영적으로 도와준 친구)에게 100달러를 주자"라는 생각이 문득 들었다. 그녀는 이것을 친구에게 말했고, 친구는 "기다려서 또 다른 인도하심을 받은 후에 주도록 하자"라고 말했다. 그래서 그녀는 기다렸고, 그날 어떤 여성을 만났는데, 그 여성은 그녀에게 "제가 오늘 누군가에게 1달러를 주었는데, 당신이 누군가에게 100달러를 주는 것만큼이나 제게는 큰돈이었어요"라고 말했다.

이것은 정말 확실한 인도하심이었기 때문에 그녀는 100달러를 주는 것이 옳다고 느꼈다. 얼마 지나지 않아 그녀에게 놀라운 방식으로 큰돈이 들어왔다. 그 선물은 훌륭한 투자였음이 증명되었다.

주는 것은 받는 길을 열어준다. 재정에서 활력을 창출하려면 기부를 해야 한다. 수입의 10분의 1을 기부하는 십일조는 유대인의 오랜 관습이며, 반드시 증가를 가져온다. 이 나라의 많은 부유한 사람들은 십일조를 해왔고, 십일조가 투자로서 실패한 적은 한 번도 없었다.

십일조는 나가서 복을 받고 번성하여 돌아온다. 그러나 헌금이나 십일조는 사랑과 기쁨으로 드려야 한다. "하나님은 즐겨 내는 자를 사랑하시기" 때문이다. 청구서는 즐겁게 지불해야 하며, 모든 돈은 두려움 없이 축복과 함께 보내야 한다.

이러한 마음의 태도가 사람을 돈의 주인으로 만든다. 이것을 따르고 따르지 않는 것은 그에게 달려 있으며, 따를 때 그의 말은 부의 거대한 저장고를 연다.

인간은 자신의 제한된 시야로 공급을 제한한다. 때로 학생은 부를 크게 이해하고 있지만 행동하는 것을 두려워한다. 모피 안감 외투를 구입한 남성의 사례처럼 비전과 행동은 함께 움직여야 한다.

한 여성이 나에게 와서 어떤 자리에 대해 "말해 달라"고 부탁했다. 그래서 나는 이렇게 기도했다. "무한한 영이시여, 이 여성에게 올바른 자리를 위한 길을 열어주세요." 그저 "자리"만을 구하지 말고 올바른 자리, 즉 신의 마음에 이미 계획된 자리를 구하라. 그것이 만족을 주는 유일한 자리이기 때문이다.

그런 다음 나는 그녀가 이미 받은 은혜에 대해, 그리고 그 자리가 빨리 시현될 것에 감사했다. 얼마 지나지 않아 뉴욕과 팜비치*에서 두 곳, 총 세 곳의 자리를 제안받았고, 그녀는 어느 곳을 선택해야 할지 몰랐다. 나는 "확실한 인도하심을 달라고 요청하세요"라고 말했다.

시간이 거의 다 되는 아직 결정되지 않은 어느 날, "오늘 아침 일어났는데 팜비치 냄새가 났어요"라는 전화가 왔다. 그녀는 전에 그곳에 가본 적이 있어서 그곳의 잔잔한 향기를 알고 있었다.

나는 대답했다. "여기서 팜비치 냄새가 난다면 확실히 당신이 적임자입니다." 그녀는 그 자리를 수락했고 큰 성공을 거두었다. 인도하심은 종종 예상치 못한 순간에 찾아온다.

어느 날 나는 길을 걷다가 갑자기 한두 블록 떨어진

---

* 팜비치(Palm Beach): 미국 플로리다주에 있는 지역으로, 고급 호텔과 리조트가 많은 부촌이다.

곳에 있는 빵집에 가고 싶다는 충동을 강하게 느꼈다. 이성적인 마음은 "당신이 원하는 것은 아무것도 없다"라고 주장하며 저항했다. 그러나 나는 이성적으로 생각하지 않는 법을 배웠기에 빵집에 가서 모든 것을 살펴보았다. 확실히 거기에는 내가 원하는 것이 없었다. 하지만 가게를 나올 때 나는 자주 생각했던 한 여성을 우연히 만났다. 그녀는 내가 줄 수 있는 도움이 절실히 필요한 사람이었다.

한 가지를 찾다가 다른 것을 발견하는 경우가 종종 있다.

직관은 영적인 능력이며, 설명하지 않고 단순히 길을 알려줄 뿐이다.

사람은 종종 "치료" 중에 인도하심을 받는다. 전혀 관련이 없어 보이는 생각이 떠오를 수도 있다. 하지만 하나님의 인도하심 중 일부는 "신비롭다."

어느 날 수업에서 나는 각자가 확실한 인도하심을 받을 수 있도록 치료하고 있었다. 그 후 한 여성이 나를 찾아와 이렇게 말했다. "당신이 치료하는 동안 창고에서 가구를 꺼내고 아파트를 얻어야겠다는 직감이 들었어요." 그 여성은 건강 때문에 치료를 받으러 온 것이었다. 나는 그녀에게 자기 집이 생기면 건강이 좋아질 거라고 말하며, "당신의 문제인 울혈은 물건을 쌓아두는 것에서 비롯된 것 같아요. 물건이 쌓여 있으면 몸에 울혈이 생기죠. 당신은 사용법을 위반했고, 당신의 몸은 그 대가를 치르고 있습니다"라고 덧붙였다.

그래서 나는 "그녀의 마음과 몸과 일에 신의 질서가 확립되었다"라고 감사했다.

사람은 자기 일이 신체에서 어떻게 반응하는지 거의 꿈꾸지 않는다. 모든 질병에는 정신적 대응이 있다. 사람은 자기 몸이 신의 마음에 있는 완벽한 생각이라는 인식을 통해 즉각적인 치유를 받을 수 있지만, 파괴적인 생각, 비축, 미움, 두려움, 정죄를 계속하면 질병이 재발한다.

예수 그리스도는 모든 병이 죄에서 온다는 것을 알았다. 그래서 치료 후 나병 환자에게 더 나쁜 일이 닥칠지 모르니 가서 다시는 죄를 짓지 말라고 권고했다.

따라서 인간의 영혼(또는 잠재의식)은 영구적인 치유를 위해 눈보다 더 하얗게 씻겨야 한다. 그리고 형이상학자는 항상 "대응"을 더 깊이 파고든다.

예수 그리스도는 "성쇠하시 밀라 그리면 너희가 정죄를 받지 않을 것이요"라고 말씀하셨다. "비판하지 말라 그리하면 너희가 비판을 받지 않을 것이요." 많은 사람이 타인을 정죄함으로써 질병과 불행을 끌어당긴다. 다른 사람을 비판하면 그는 비판을 자신에게 끌어당기는 것이다.

예를 들면, 한 친구가 남편이 다른 여자 때문에 자신을 버렸다며 분노와 괴로움으로 나를 찾아왔다. 그녀는 그 여자를 비난하며 "내 남편이 유부남이라는 것을 알았으면 그의 관심을 받을 자격이 없는데"라며 계속 말했다.

나는 대답했다. "그 여자를 비난하지 말고, 그녀를 축복하며 상황을 극복하렴. 그렇지 않으면 너도 똑같은 일을 당할 수 있어."

그녀는 내 말에 귀를 기울이지 않았고, 그녀도 1~2년 뒤에 한 유부남에게 깊이 빠졌다.

사람은 비판하거나 비난할 때마다 전기가 흐르는 전선을 손에 쥐는 것과 같다. 그는 충격을 받을 수 있다.

우유부단함은 많은 길에서 걸림돌이 된다. 이를 극복하기 위해 "나는 항상 영감을 직접 받는 상태에 있으므로 올바른 결정을 신속하게 내린다"라는 말을 반복해서 되뇌라. 이 말은 잠재의식에 깊은 인상을 남기고, 곧 깨어 있고 주시하는 자신을 발견해 주저 없이 올바른 행동을 하게 한다.

나는 심령적 차원에서 인도를 구하는 것은 파괴적이라는 것을 발견했다. 왜냐하면 그것은 "하나의 마음"이 아니라 많은 마음의 차원이기 때문이다.

인간이 주관성에 마음을 열면 파괴적인 힘의 표적이 된다. 심령적 차원은 인간의 육신의 생각의 결과이며 "반대의 차원"에 있다. 그것은 좋은 메시지도 나쁜 메시지도 받는 것이 가능하다.

숫자의 과학과 운세 읽기는 인간을 심령적(또는 육신의) 차원에 머물게 하는데, 이는 카르마의 길만 다루기 때문이다.

나는 별자리에 따르면 오래전에 죽어야 했을 남자를 알고 있는데, 그는 살아서 이 나라에서 인류를 고양하는 가장 큰 운동 중 하나를 이끌고 있다.

악의 예언을 무력화하려면 매우 강한 마음이 필요하다. 학생은 "모든 거짓 예언은 무너지고, 하늘에 계신 내 아버지께서 계획하지 않으신 모든 계획은 무너지고 사라질 것이며, 이제 신의 생각이 이루어질 것이다"라고 선언해야 한다.

그러나 다가오는 행복이나 부에 대한 좋은 메시지가 있다면 그것을 품고 기대하면 기대의 법칙에 따라 조만간 나타날 것이다.

인간의 의지는 우주의 의지를 뒷받침하는 데 사용되어야 한다. "하나님의 뜻이 이루어지기를 원합니다."

모든 사람에게 의로운 마음의 소망을 주는 것이 하

나님의 뜻이며, 사람의 의지는 흔들리지 않고 완벽한 비전을 품는 데 사용되어야 한다.

탕자가 말했다. "일어나 아버지께로 가겠다."

사실 인간적 생각의 껍질과 허물에서 벗어나는 것은 의지의 노력이다. 보통 사람은 믿음보다 두려움을 갖기가 훨씬 쉬우므로 믿음은 의지의 노력이다.

영적으로 깨어난 사람은 외적 부조화가 정신의 부조화에 상응한다는 것을 인식한다. 비틀거리거나 넘어지면 그는 자신이 의식에서 비틀거리거나 넘어지고 있다는 것을 안다.

어느 날 한 학생이 길을 가던 중 누군가를 비난하며 생각에 잠겼다. "저 여자는 지구상에서 가장 불쾌한 여자야"라고 속으로 말하고 있었는데, 갑자기 보이스카우트 대원 세 명이 모퉁이를 돌면서 그 여자를 쓰러뜨릴

뻔했다.

그 학생은 보이스카우트 대원들을 정죄하지 않고 즉시 용서의 법칙을 부르짖으며 그 여인의 내면에 있는 "신에게 경의를 표했다." 지혜의 길은 즐거움의 길이며 그의 모든 길은 평화이다.

사람이 보편자에게 자신의 요구를 할 때는 놀라움을 대비해야 한다. 모든 것이 잘못되고 있는 것처럼 보일 수 있지만 실제로는 올바르게 진행되고 있다.

예를 들면, 한 여성은 신의 마음에는 손실이 없으므로 자신에게 속한 어떤 것도 잃을 수 없으며, 잃어버린 것은 돌려받거나 그에 상응하는 것을 받게 될 것이라고 들었다.

몇 년 전 그녀는 2천 달러를 잃은 적이 있다. 한 친척에게 돈을 빌려줬는데 그 친척은 사망했고 유언장에도 이에 대한 언급이 없었다. 이 여성은 분하고 화가 났지만 거래에 대한 서면 진술이 없었기 때문에 돈을 받을 수 없었다. 그래서 그녀는 손실을 부정하고 창조주의 은행으로부터 2천 달러를 받기로 결심했다. 분노하고 용서하지 않으면 이 훌륭한 은행의 문이 닫히기 때문에 그녀는 그 여자를 용서하는 것부터 시작해야 했다.

그녀는 이렇게 말했다. "나는 손실을 부정한다. 신의 마음에는 손실이 없으므로 신의 권리에 의해 나에게 속한 2천 달러를 잃을 수 없다. 한 문이 닫히면 다른 문이 열린다."

그녀는 매각 중인 공동주택에 살고 있었는데, 임대차 계약서에 집이 팔리면 세입자는 90일 이내에 이사를 가야 한다는 조항이 명시되어 있었다.

그런데 갑자기 집주인이 계약을 파기하고 집세를 올려버렸다. 다시 한번 불의가 그녀의 앞길을 가로막았지만 이번에는 아무런 동요도 받지 않았다. 그녀는 집주인을 축복하며 "집세가 인상되었으니 나는 그만큼 더 부자가 될 것이다. 하나님께서 나에게 공급해 주실 것이다"라고 말했다.

집세에 대한 새로운 계약이 이루어졌지만, 신의 개입에 의한 어떤 실수로 인해 90일 이내 퇴거 조항이 빠졌다. 얼마 지나지 않아 집주인은 집을 팔게 되었다. 새로운 계약의 실수로 인해 세입자는 1년 더 그 집에서 살게 되었다.

부동산 중개인은 세입자에게 집을 비워주면 200달러를 주겠다고 제안했다. 여러 가족이 이사를 갔고, 그 여성을 포함해 세 가족이 남았다. 한두 달이 지나자 중개인이 다시 나타났다. 이번에는 "1,500달러를 주면 임대차 계약을 해지해 주겠습니까?"라고 말했다. 그 여성은 '2천 달러를 주세요'라는 말이 번뜩 떠올랐다. 그녀는 집에서 친구들에게 "나가 달라는 말이 또 나오면 우리 모두 함께 행동하자"라고 말했던 것이 기억났다. 그래서 그녀는 친구들과 상의하기로 했다. 그것이 그녀의 인도하심이었다.

친구들은 "흠, 너에게 1,500달러를 주겠다고 했다면 당연히 2,000달러도 줄 거야"라고 말했다. 그래서 그녀는 공동주택을 나가는 대가로 2천 달러 수표를 받았다. 그것은 분명 놀라운 법칙의 작용이었으며, 명백한 불의는 단지 그녀의 시현을 위한 길을 열어주었을 뿐이다.

그것은 손실이 없다는 것을 증명했으며, 인간이 영적인 입장을 취하면 이 선의 서내한 저장고에서 자신의 모든 것을 수집할 수 있다는 것을 증명했다.

"메뚜기가 먹어 치운 여러 해의 손해를 내가 너희에게 보상해주겠다." 메뚜기는 인간의 생각에서 나오는 의심, 두려움, 분노, 후회이다.

"자기에게 주는 사람은 자기밖에 없고, 자기 외에는 빼앗는 사람도 없다"라는 말이 있듯이, 부정적인 생각은 그 자체로 사람을 강탈한다.

인간은 하나님을 증명하고 "진리를 증거"하는 존재이다. 부족함에서 풍요를, 불의에서 정의를 가져와야만 하나님을 증명할 수 있다.

"만군의 여호와가 이르노라 너희의 온전한 십일조를 창고에 들여 나의 집에 양식이 있게 하고 그것으로 나를 시험하여 내가 하늘 문을 열고 너희에게 복을 쌓을 곳이 없도록 붓지 아니하나 보라."

9장

완벽한 자기표현 또는 신의 설계

"어떤 바람도 내 껍질을 흔들거나
운명의 흐름을 바꿀 수 없다."

사람에게는 각자 완벽한 자기표현이 있다. 그가 채워야 하고 다른 누구도 채울 수 없는 자리, 그가 해야 하고 다른 누구도 할 수 없는 일이 있다. 이것이 그의 운명이다!

이 성취는 신의 마음에 완벽한 생각으로 자리를 잡고

인간의 인식을 기다리고 있다. 상상력은 창조력이기 때문에 인간은 그 생각을 실현하기 전에 먼저 그것을 보아야 한다.

따라서 인간의 가장 큰 요구는 자기 삶에 대한 신의 설계이다.

자신의 내면 깊은 곳에 놀라운 재능이 숨겨져 있을 것이기 때문에, 그는 그것이 무엇인지 개념조차 모를 수도 있다.

따라서 그의 요구는 다음과 같아야 한다. "무한한 영이시여, 제 삶에 대한 신의 설계가 드러날 수 있는 길을 열어주십시오. 제 안에 있는 천재성을 이제 방출해 주십시오. 그 완벽한 계획을 분명히 보게 하옵소서."

그 완벽한 계획에는 건강, 부, 사랑, 완벽한 자기표현이 포함된다. 이것이 바로 완벽한 행복을 가져다주는 인생의 사각형이다. 거의 모든 사람이 신의 설계에서 멀어져 방황하고 있기 때문에, 이러한 요구를 할 때 자신의 삶에서 큰 변화가 일어나고 있음을 발견할 수 있다.

한 여성의 경우, 마치 사이클론이 그녀의 주변을 강타한 것 같았지만 재조정이 빠르게 이루어졌고, 새롭고 멋진 상황이 오래된 상황을 대체했다.

완벽한 자기표현은 노동이 아니라 마치 놀이로 보일 정도로 흥미진진하다. 또한 학생은 인간이 하나님으로부터 자금을 지원받는 세상에 태어났기 때문에 완벽한 자기표현을 위해 필요한 것들이 이미 준비되어 있다는 것을 알고 있다.

많은 천재가 확언과 믿음만 있었다면 필요한 자금을 빨리 조달할 수 있었을 텐데, 공급 문제로 수년을 고생했다.

예를 들면, 수업이 끝난 어느 날 한 남자가 나에게 와서 1센트를 주었다. 그는 이렇게 말했다. "저는 세상에서 7센트밖에 없는데 1센트를 드리려고 합니다. 왜냐하면 저는 당신의 말의 힘을 믿기 때문입니다. 저의 완벽한 자기표현과 번영을 위해 말씀해 주시기를 부탁드립니다."

나는 "말을 하고" 1년이 지날 때까지 그를 만나지 못했다. 어느 날 그는 주머니에 노란 지폐 한 뭉치를 들고서 성공했다고 행복해하며 찾아왔다. 그는 "당신이 말한 직후에 저는 먼 도시로부터 어떤 자리를 제안받았고, 지금은 건강과 행복, 공급을 시현하고 있습니다"라고 말했다.

어떤 여성의 완벽한 자기표현은 완벽한 아내, 완벽한 엄마, 완벽한 주부가 되는 것이지 반드시 공적인 직업을 갖는 것이 아닐 수도 있다.

확실한 인도하심을 요구하면 그 길은 쉽고 성공적으로 만들어질 것이다.

정신적 이미지를 시각화하거나 강요해서는 안 된다. 신의 설계가 당신의 의식 속으로 들어오도록 요청하면 당신은 영감의 번쩍임을 받고 당신이 위대한 성취를 하는 것을 볼 수 있을 것이다. 이것이 바로 흔들림 없이 붙잡아야 하는 이미지 또는 사고방식이다.

사람이 찾고 있는 것이 그를 찾고 있다. 전화는 벨을 찾고 있었다!

부모는 자녀에게 진로와 직업을 강요해서는 안 된다. 영적 진리에 대한 지식이 있으면 어린 시절이나 태아기부터 신의 계획을 말할 수 있다.

태교는 이렇게 해야 한다. "이 아이 안에 계신 하나님이 온전히 표현되게 하시고, 그의 마음과 몸과 일에 대한 신의 설계가 그의 일생에 영원히 드러나게 하소서."

사람의 뜻이 아닌 하나님의 뜻, 사람의 모델이 아닌 하나님의 모델은 성경을 관통하는 명령이며, 성경은 마음의 과학을 다루는 책이다. 성경은 인간의 영혼(또는 잠재의식)을 속박으로부터 해방시키는 방법을 알려주는 책이다.

묘사된 전투는 사람이 육신의 생각과 전쟁을 벌이는 그림이다. "사람의 원수가 자기 집안 식구리라." 모든 사람이 여호사밧이고, 모든 사람이 다윗이며, 작은 흰 돌(믿음)로 골리앗(육신의 생각)을 죽인다.

따라서 사람은 자신의 재능을 묻어버린 "악하고 게으른 종"이 되지 않도록 주의해야 한다. 자신의 능력을 사용하지 않으면 끔찍한 대가를 치러야 한다.

종종 두려움은 인간과 그의 완벽한 자기표현 사이를

가로막는다. 무대 공포증은 많은 천재의 발목을 잡았다. 이것은 선언이나 치료로 극복할 수 있다. 그러면 개인은 자의식을 잃고, 자신은 무한한 지성이 그분을 표현하는 통로일 뿐이라고 느낀다. 그는 영감을 직접 받고 두려움이 없으며 자신감이 넘친다. 일을 하시는 분은 "내 안에 계신 아버지"라고 생각하기 때문이다.

한 소년이 어머니와 함께 내 수업을 자주 들으러 왔다. 그는 다가오는 학교 시험을 위해 나에게 "말해 달라"고 부탁했다.

나는 그에게 이렇게 말하라고 했다. "나는 무한한 지성과 하나이다. 나는 이 과목에 대해 알아야 할 모든 것을 알고 있다." 그는 역사에 대한 지식은 뛰어났지만 산수는 잘 몰랐다. 나중에 그를 만났더니 이렇게 말했다. "저는 산수는 잘해서 수석으로 합격했지만, 역사에 대해서는 저 자신에게 의지할 수 있다고 생각해 형편없는 점수를 받았습니다." 사람은 종종 "자신을 너무 확신"

할 때 좌절을 겪는데, 이는 "내면의 아버지"가 아닌 자신의 인격을 신뢰한다는 뜻이다.

내 학생 중 한 명이 이에 대한 예를 들어주었다. 그녀는 어느 여름에 장기 해외여행을 떠나 여러 나라를 방문했는데 언어가 통하지 않았다. 그녀는 매 순간 안내와 보호를 요청했고, 모든 일이 순조롭고 기적적으로 진행되었다. 그녀의 짐은 한 번도 지연되거나 분실된 적이 없었다! 최고의 호텔에는 항상 그녀를 위한 숙소가 준비되어 있었고, 어디를 가든 완벽한 서비스를 받았다. 그녀는 뉴욕으로 돌아왔다. 언어를 알게 되면서 그녀는 더 이상 하나님이 필요 없다고 느껴 보통의 방식으로 자신의 일을 살폈다.

모든 것이 잘못되었고, 부조화와 혼란 속에서 그녀의 짐이 연착되었다. 학생은 매 순간 "하나님의 임재를 실천하는" 습관을 형성해야 한다. "너는 범사에 그를 인정하라." 인정하기에 너무 작거나 너무 큰 일은 없다.

때로는 사소한 사건이 인생의 전환점이 될 수 있다.

로버트 풀턴은 찻주전자의 끓는 물을 보면서 증기선을 보았다!

나는 학생이 저항하거나 길을 제시해 시현을 멈추는 것을 자주 보았다. 그는 자신의 믿음을 한 통로에만 고정시키고, 자신이 원하는 방식으로 시현되기를 바라기 때문에 모든 것을 멈춰 세운다.

"네 방식이 아니라 내 방식대로!"가 무한한 지성의 명령이다. 증기든 전기든 모든 동력에는 작동하려면 저항이 없는 모터나 장비가 필요하며, 인간이 바로 그 모터나 장비이다.

인간은 계속해서 "가만히 있으라"라는 말을 듣는다. "이 전쟁에는 너희가 싸울 것이 없나니 대열을 이루고 서서 너희와 함께 한 여호와가 구원하는 것을 보라 유다와 예루살렘아 너희는 두려워하지 말며 놀라지 말고 내일 그들을 맞서 나가라 여호와가 너희와 함께 하리라 하셨느니라 하매."

우리는 저항하지 않고 동요하지 않을 때 집주인을 통해 2천 달러를 받은 여성의 사례와 "모든 고통이 사라진 뒤에" 남자의 사랑을 얻은 여자의 이야기를 통해 이를 볼 수 있다.

학생의 목표는 평정(平靜)이다! 평정은 힘이다. 왜냐하면 그것은 하나님의 힘이 인간을 통과하여 "하나님의 기쁨을 원하고 그것을 행할" 기회를 주기 때문이다. 그는 침착하고 명료하게 사고하며 "올바른 결정을 신속하게 내린다. 그는 결코 비법을 놓치지 않는다."

분노는 시야를 흐리게 하고, 피를 독살하며, 많은 질병의 근원이 되고, 잘못된 결정을 내려 실패로 이끄는 원인이 된다. 분노는 그 반응이 매우 해롭기 때문에 최

악의 "죄" 중의 하나로 불린다. 학생은 형이상학에서 죄가 고대의 가르침보다 훨씬 더 의미를 가진다는 것을 배운다. "믿음을 따라 하지 아니하는 것은 다 죄니라."

그는 두려움과 걱정이 죽음에 이르게 하는 죄라는 것을 알게 된다. 그것들은 믿음을 뒤집고 왜곡된 정신적 이미지를 통해 두려워하는 것을 현실로 만든다. 당신의 임무는 이 적들을 (잠재의식에서) 쫓아내는 것이다. 마테를링크는 "사람이 두려움을 느끼지 않는다면 그는 완성된 것이다. 인간은 두려움 때문에 신성을 잃는다"라고 말한다.

앞의 장에서 읽은 것처럼, 사람은 두려운 대상에 다가가야만 두려움을 이길 수 있다. 여호사밧과 그의 군대가 "여호와를 찬양하라 그의 인자하심이 영원하도다"라고 노래하며 적을 맞을 준비를 했을 때, 그들은 적들이 서로 죽인 것을 발견했고, 그 결과 싸울 대상이 아무도 없게 되었다.

예를 들면, 한 여성이 친구에게서 다른 친구에게 메시지를 전해 달라는 부탁을 받았다. 이 여성은 "일에 복잡하게 쓸려 들어가지 않으려면 그 메시지를 전하지 마라"라는 이성적인 생각이 들어 메시지를 전하기가 두려웠다.

그녀는 그렇게 다짐했기 때문에 마음이 괴로웠다. 마침내 그녀는 "사자 앞으로 가서" 신의 보호의 법칙에 호소하기로 결심했다. 그녀는 메시지를 전할 친구를 만났다. 그녀가 말을 하려고 입을 열었을 때 친구가 "누구누구가 마을을 떠났대"라고 말했다. 그 사람이 마을에 있는지 여부에 따라 상황이 달라지기 때문에 메시지를 전할 필요가 없어졌다. 그녀는 기꺼이 하려고 했기 때문에 그럴 의무가 없어졌고, 두려워하지 않았기 때문에 상황이 사라졌다.

학생은 종종 시현이 미완성된다고 믿기 때문에 시현을 지연시킨다. 그는 다음과 같이 말해야 한다. "신의 마음에는 오직 완성만 있으므로 나의 시현은 완성되었다. 나의 완벽한 일, 나의 완벽한 가정, 나의 완벽한 건강."

요구하는 것은 무엇이든 신의 마음에 등록된 완벽한 생각이며 "은혜 아래서 완벽한 방식"으로 나타나야 한다. 눈에 보이지 않는 것은 이미 받은 것으로 여겨 감사하고, 눈에 보이는 것은 받기 위해 적극적으로 준비해야 한다.

나의 학생 중 한 명이 재정의 시현이 필요했다. 그녀는 나에게 와서 왜 완성되지 않는지 물었다. 나는 대답했다. "아마도 당신은 일을 미완성으로 남겨두는 습관이 있고, 잠재의식이 (외부와 마찬가지로 내부도) 완성하지 않는 습관을 들였을 것입니다." 그러자 그녀가 대답했다. "맞아요. 저는 일을 시작하고 끝내지 않는 경우가 자주 있어요. 저는 집에 가서 몇 주 전에 시작한 일을 마무리할 것이고, 그것이 제 시현의 상징이 될 것입니다."

그녀는 부지런히 바느질을 했고 곧 일이 완성되었다. 얼마 지나지 않아 아주 신기한 방식으로 돈이 들어왔다. 그녀의 남편은 그달에 월급을 두 번이나 받았다. 그는 회사에 월급을 잘못 보냈다고 말했지만, 그들은 그대로 가지라고 했다.

사람이 구하고 믿으면 반드시 받는다. 왜냐하면 하나님은 그분의 통로를 창조하시기 때문이다!

나는 "어떤 사람에게 여러 가지 재능이 있다고 가정할 때, 어떤 재능을 선택해야 할지 어떻게 알 수 있을까요?"라는 질문을 가끔 받는다. 그것을 명확히 보여달라고 요구하라. "무한한 영이시여, 저에게 확실한 인도하심을 주시고, 저의 완벽한 자기표현을 보여주시고, 제가 지금 어떤 재능을 활용해야 하는지 보여주옵소서"라고 말하라.

나는 훈련이 거의 또는 전혀 없는 사람이 갑자기 새

로운 직업에 뛰어들어 충분히 갖추어지는 경우를 보았다. 그러니 이렇게 선언하고 두려움 없이 기회를 잡으라. "나는 내 인생에 있는 신의 계획을 위해 완전히 준비되어 있다."

어떤 사람은 즐겁게 주지만 잘 받지 못한다. 그들은 자존심이나 어떤 부정적인 이유로 선물을 거절해 통로를 차단하고 결국에는 거의 또는 아무것도 얻지 못한다. 예를 들면, 돈을 많이 기부했던 한 여성에게 수천 달러의 선물이 들어왔다. 하지만 그녀는 필요 없다며 받지 않았다. 그 후 얼마 지나지 않아 그녀의 재정이 "묶여" 버렸고, 그 금액만큼 빚을 지게 되었다. 사람은 물이 흐르듯 그에게 돌아가는 빵을 은혜롭게 받아야 한다. "너희가 거저 받았으니 거저 주라."

주는 것과 받는 것에는 항상 완벽한 균형이 있으며, 사람은 대가를 생각하지 않고 주어야 하지만, 자신에게 오는 대가를 받아들이지 않으면 법칙을 어기는 것이다.

모든 선물은 하나님에게서 온 것이며, 사람은 단지 통로일 뿐이기 때문이다.

주는 쪽이 부족하다는 생각을 해서는 안 된다.

예를 들면, 그 남자가 나에게 1센트를 주었을 때, 나는 "불쌍한 사람, 그런 걸 줄 여유가 없는데"라고 말하지 않았다. 나는 그가 부유하고 번영하고 공급이 쏟아져 들어오는 것을 보았다. 이 생각이 그를 만들었다. 지금까지 잘 받지 못했다면 잘 받을 수 있는 사람이 되어야 한다. 우표 한 장이라도 주면 받으라. 수취의 통로를 열어야 한다.

주님은 쾌활하게 주는 사람뿐만 아니라 쾌활하게 받는 사람도 사랑하신다.

10장

부정과 긍정

"네가 무엇을 결정하면 이루어질 것이요."

인간의 삶에 나타나야 할 모든 선은 이미 신의 마음에 완성된 사실이며, 그 선은 인간의 인식이나 말을 통해 방출된다. 따라서 인간은 항상 신의 생각만 나타내도록 선언해야 한다. 왜냐하면 인간은 종종 자신의 "헛된 말"을 통해 실패나 불행을 선언하기 때문이다.

따라서 앞의 장에서 언급했듯이 자신의 요구 사항을

올바르게 말하는 것이 가장 중요하다.

집, 친구, 지위 또는 기타 좋은 것을 원한다면 "신의 선택"을 요구하라.

예를 들면, "무한한 영이시여, 저에게 알맞은 집, 알맞은 친구, 알맞은 지위를 위한 길을 열어주소서. 이제 은혜 아래서 완벽한 방식으로 나타난 것을 감사드립니다."

이 말의 후반부가 가장 중요하다. 예를 들면, 나는 1천 달러를 요구한 어떤 여성을 알고 있다. 그녀의 딸이 다쳐 1천 달러의 보상금을 받았기 때문에 "완벽한 방식"으로 오지 않았다. 이 요구는 이렇게 말해야 했다. "무한한 영이시여, 신의 권리에 의해 저의 소유가 되는 1천 달러가 이제 방출되어 완벽한 방식으로 은혜 아래서 저에게 오게 된 것을 감사드립니다."

사람은 재정 의식이 높아지면 신의 권리에 의해 막대

한 금액의 돈이 은혜 아래서 완벽한 방식으로 그에게 오도록 요구해야 한다.

자신이 생각하는 것보다 더 많은 것을 방출하는 것은 불가능하다. 잠재의식의 제한된 기대에 묶여 있기 때문이다. 더 크게 얻으려면 기대의 범위를 넓혀야 한다.

사람은 종종 자신의 요구를 스스로 제한한다. 예를 들면, 한 학생이 특정 날짜까지 600달러를 요구했다. 그는 실제로 돈을 받았지만, 나중에 들으니 1천 달러를 받을 뻔했지만 600달러만 받았다고 한다.

"그들은 이스라엘의 거룩하신 이를 노엽게 하였도다." 부는 의식의 문제이다.

프랑스에는 이에 대한 예를 보여주는 전설이 있다. 한 가난한 사람이 길을 걷다가 나그네를 만났는데, 나그네가 그를 멈춰 세우며 말했다. "나의 좋은 친구여, 당신은 가난하군요. 이 금덩어리를 가져다 팔면 평생 부자가 될 것이오"라고 말했다.

그는 자신의 행운에 너무 기뻐서 금덩어리를 집으로 가져갔다. 그 뒤 그는 즉각 일자리를 얻었고, 매우 번성해졌기 때문에 금덩어리를 팔지 않았다. 몇 년이 지나 그는 큰 부자가 되었다. 어느 날 그는 길에서 한 가난한 사람을 만났다. 그는 그를 멈춰 세우고 말했다. "나의 좋은 친구여, 이 금덩어리를 당신에게 주겠소. 팔면 평생 부자가 될 것이오." 그 거지는 금덩어리를 가져가 가치를 측정해 보니 놋덩어리에 불과했다. 첫 번째 남자는 금덩어리인 줄 알고 부자가 되었다고 생각해 부자가 된 것이다.

모든 사람은 내면에 금덩어리를 가지고 있으며, 금과 부에 대한 의식은 그의 삶에 부를 가져다준다. 사람은 요구를 할 때 여정의 끝에서 시작한다. 즉, 이미 받았다고 선언하는 것에서 시작하는 것이다. "너희가 부르기 전에 내가 대답하리라."

계속 긍정하면 잠재의식에 믿음이 자리 잡는다. 단번에 완벽한 믿음을 가질 수 있다면 여러 번 긍정할 필요가 없을 것이다! 구걸하거나 애원하는 것이 아니라 받은 것에 대해 반복해서 감사해야 한다.

"사막이 장미 같이 피어 즐거워하며." 아직 사막(의식 상태)에 있는 이 즐거움이 방출을 위한 길을 연다. 주기도문은 "오늘 우리에게 일용할 양식을 주시옵고, 우리가 우리에게 빚진 자를 탕감하여 준 것 같이 우리의 빚도 탕감하여 주시옵고"라는 명령과 요구의 형식으로 되어 있으며 "나라와 권세와 영광이 아버지께 영원히 있사옵나이다. 아멘"이라는 찬송으로 끝난다. "내 손으로 한 일에 관하여 너는 명령하라." 따라서 기도는 명령과 요구, 찬양과 감사이다. 학생의 임무는 "하나님과 함께라면 모든 것이 가능하다"라는 것을 스스로 믿는 것이다.

이것을 추상적으로 말하기는 쉽지만 문제에 직면했을 때는 조금 더 어렵다.

예를 들면, 한 여성이 정해진 시간 내에 거액의 돈을 시현해야 했다. 그녀는 실현하기 위해(실현은 시현이므로) 무언가를 해야 한다는 것을 알았고, 따라서 "인도하심"을 요구했다.

그녀는 백화점을 걷다가 매우 아름다운 분홍색 에나멜 종이 커터를 발견했다. 그녀는 그것에 "끌렸다." 이런 생각이 들었다. "큰 수표가 들어 있는 편지를 뜯을 수 있을 만큼의 좋은 종이 커터가 없다."

그래서 그녀는 사치품이라고 생각했던 종이 커터를 구입했다. 손에 쥐자마자 큰 수표가 든 봉투를 뜯는 자신의 모습이 떠올랐고, 몇 주 후 그녀는 돈을 받았다. 분홍색 종이 커터는 그녀에게 적극적인 믿음의 다리가 되어 주었다.

믿음을 가지고 나아갈 때 생기는 잠재의식의 힘에 관한 이야기가 많이 전해진다.

예를 들면, 한 남자가 농가에서 하룻밤을 보내고 있었다. 방의 창문은 못으로 고정되어 있었고, 한밤중에 그는 숨이 막히는 것을 느껴 어둠 속에서 창문으로 향했다. 그는 창문을 열 수 없어서 주먹으로 창문을 부수고 신선한 공기를 마신 후 밤을 편안하게 보냈다.

다음 날 아침, 그는 그가 책장 유리를 깼다는 것을 발견했다. 창문은 밤새 닫혀 있었다. 그는 산소가 필요하다는 생각만으로 스스로 산소를 공급한 것이다.

시현을 시작하면 절대 되돌려서는 안 된다. "흔들리는 사람은 주님의 것을 받으리라고 생각하지 마라."

한 흑인 학생이 이런 멋진 말을 한 적이 있다. "저는 하늘에 계신 아버지께 무엇이든 요청할 때는 이렇게 결연하게 말합니다. '아버지, 저는 제가 구한 것보다 더 많이 받겠습니다!'" 그러므로 절대 타협해서는 안 된다. "모든 일을 다했으니 이제 굳건히 서라!" 때로는 이 시기가 시현의 가장 어려운 때이다. 포기하고 돌아서고 타협하고 싶은 유혹이 밀려온다. "그분은 단지 서서 기다리는 사람도 도우신다."

시현은 종종 최후의 순간에 일어난다. 왜냐하면 그때가 되면 인간이 자아를 내려놓기 때문이다. 그는 이성적으로 생각하기를 멈추며, 무한한 지성은 작동할 기회를 얻는다.

인간의 어두운 욕망은 어두운 응답을 받고, 조급한 욕망은 매우 지체되거나 폭력적으로 채워진다.

예를 들면, 한 여성이 자신이 왜 자주 안경을 잃어버리거나 망가뜨리는지 그 이유를 알고 싶다고 나에게 물었다.

우리는 그녀가 종종 자신과 다른 사람에게 짜증을 내며 다음과 같이 말하는 것을 발견했다. "제 안경을 없애버리고 싶군요." 그래서 그녀의 조급한 욕망은 폭력적으로 성취되었다. 그녀가 요구해야 했던 것은 완벽한 시력이었다. 그러나 그녀가 잠재의식에 등록한 것은 안경을 없애고 싶다는 조급한 욕망이었기 때문에 안경은 계속 깨지거나 분실되고 있었다.

두 가지 마음의 태도가 손실을 유발하는 원인이다. 하나는 남편의 진가를 인정하지 않는 여성의 경우처럼 가치를 절하하는 것이고, 다른 하나는 잠재의식에 손실의 이미지를 만드는 손실에 대한 두려움이다.

자신의 문제를 내려놓을 수 있게 되면(짐을 맡기면) 즉각 효과를 볼 수 있다.

예를 들면, 한 여성이 폭풍우가 몰아치는 날 밖에 나갔다가 우산이 뒤집어졌다. 그녀는 한 번도 만난 적이 없는 사람들을 만나려고 하던 참이었는데, 낡은 우산을 쓰는 첫인상을 남기고 싶지 않았다. 그러나 우산이 자기 것이 아니기 때문에 버릴 수도 없었다. 절망에 빠진 그녀는 외쳤다. "오, 신이시여. 이 우산을 어떻게 해야 할지 모르겠어요."

잠시 후 그녀의 뒤에서 목소리가 들려왔다. "아가씨, 우산을 수선해 드릴까요?" 우산 수선공이 서 있었다.

그녀는 "네, 그래 주세요"라고 대답했다.

남자가 우산을 수선하는 동안 여자는 전화를 하려고 집에 들어갔고, 돌아왔을 때는 좋은 우산을 손에 쥘 수 있었다. 이처럼 우산(또는 상황)을 하나님의 손에 맡길 때 인간의 길에는 항상 우산 수선공이 있다.

부정 후에는 항상 긍정이 따라야 한다.

예를 들면, 나는 어느 늦은 밤에 한 번도 본 적 없는 남자를 치료해 달라는 전화를 받았다. 그는 분명 매우 아팠다. 나는 이렇게 말해 주었다. "나는 이 질병의 출현을 부정한다. 그것은 비현실적이므로 당신의 잠재의식에 등록될 수 없다. 이 사람은 신의 마음에 있는 완벽한 생각이며, 완벽함을 표현하는 순수한 물질이다."

신의 마음에는 시간이나 공간이 존재하지 않으므로 말은 즉시 목적지에 도달하며 "공허하게 되돌아오지" 않는다. 나는 유럽에서 환자를 치료하면서 그 결과가 즉각 나타나는 것을 발견했다.

나는 시각화(visualizing)와 비전(visioning)의 차이에 관해 자주 질문을 받는다. 시각화는 이성이나 의식의 지배를 받는 정신적 과정이고, 비전은 직관이나 초의식의 지배를 받는 영적 과정이다. 학생은 영감의 이런 번쩍임을 받을 수 있도록 마음을 훈련하고, 확실한 인도하심을 통해 "신의 그림"을 그려야 한다. 사람이 "나는 하나님이 내게 원하시는 것만 원한다"라고 말할 때 그의 잘못된 욕망은 의식에서 사라지고 새로운 청사진이 최고의 건축가, 즉 그의 안에 있는 하나님에 의해 그에게 주어진다. 모든 사람에 대한 하나님의 계획은 이성의 한계를 뛰어넘는다. 그분의 계획은 언제나 건강, 부, 사랑, 그리고 완벽한 자기표현을 포함하는 인생의 사각형이다. 궁전을 지어야 하는데 상상 속에서 방갈로를 짓고 있는 사람이 많다.

학생이 (이성적 사고를 통해) 시현을 억지로 하려고 하면 그분은 그것을 멈추신다. "내가 속히 이루리라"라고 주님께서 말씀하셨다. 그는 직관, 또는 확실한 인도하심으로만 행동해야 한다. "여호와를 의지하고 잠잠히 참아 기다리라. 그를 의지하면 그가 이루시리라."

나는 법칙이 가장 놀라운 방식으로 작동하는 것을 보았다. 예를 들면, 한 학생이 다음 날 100달러가 필요하다고 말했다. 그것은 반드시 갚아야 할 매우 중요한 빛이었다. 나는 성령께서는 "절대 늦지 않으신다"라며 공급이 임박했다고 선언하는 "말을 했다."

그날 저녁 그녀는 나에게 전화를 걸어 기적에 대해 이야기했다. 그녀는 은행의 대여금고에 가서 서류를 보고 싶다는 생각이 들었다고 했다. 그래서 서류를 살펴봤는데, 상자 바닥에 새 100달러 지폐가 들어 있었다. 그녀는 깜짝 놀랐다. 이전에 서류를 여러 번 살펴봤기 때문에 지폐를 넣은 적이 없다고 했다. 예수 그리스도께서 보리떡과 물고기를 현실화하셨던 것처럼 그것은 현실화였을지도 모른다. 인간은 "말이 실체가 되는" 단계, 즉 현실화에 즉각 도달할 것이다. 예수 그리스도의 모든 기적에서처럼 "익어 추수할 들판"이 즉각 나타날 것이다.

예수 그리스도라는 이름만으로도 엄청난 힘이 있다. 그것은 진리가 시현되었다는 것을 의미한다. 예수님은 "너희가 내 이름으로 무엇을 구하든지 내가 행하리라"

라고 말씀하셨다.

이 이름의 힘은 학생을 4차원으로 끌어올려 별자리와 심령술의 영향에서 벗어나 "하나님이 무조건적이고 절대적인 것처럼 그도 무조건적이고 절대적인 존재"가 되게 한다.

나는 "예수 그리스도의 이름으로"라는 말을 사용함으로써 많은 치유가 이루어지는 것을 보았다.

그리스도는 인간이시자 원리이시다. 각 사람 안에 계신 그리스도는 그의 구속자이자 구원자이시다.

사람 안에 계신 그리스도는 그 사람의 4차원적 자아이다. 그는 하나님을 닮은 형상으로 지어진 인간이다. 이 자아는 한 번도 실패한 적이 없고, 질병이나 슬픔을 알지 못하며, 태어나지도 않았고 죽지도 않았다. 그것은 각 사람의 "부활과 생명"이다! "나로 말미암지 않고는 아버지께로 올 자가 없느니라"라는 말은 보편자이신 하나님이 특정한 사람의 자리에서 일하시며 사람 안에서 그리스도가 되신다는 뜻이고, 성령은 행동하시는 하나님을 의미한다. 따라서 사람은 매일 성부, 성자, 성령의 삼위일체를 시현하고 있다.

인간은 생각의 예술을 만들어야 한다. 최고의 생각자는 예술가이시며, 그분은 인간의 마음 캔버스 위에 신의 설계만을 그리려고 유의하신다. 그분은, 그 그림의 완벽성을 훼손할 힘은 존재하지 않으며, 그 그림이 인간의 삶에서 현실이 되는 이상을 시현할 것을 완벽하게 믿으시며, 능숙한 붓놀림으로 힘차게 그림을 그리신다.

올바른 생각을 통해 천국을 이 땅에 가져올 수 있는 모든 권능이 인간에게 주어졌으며, 이것이 바로 "생명의 게임"의 목표이다.

그 게임의 단순한 규칙은 두려움 없는 믿음, 무저항,

사랑이다!

이제 독자가 자신과 자신의 자아 사이를 가로막고 오랜 세월 자신을 속박하던 것에서 벗어나 "자신을 자유롭게 하는 진리를 알고", 자신의 운명을 성취하며, "자신의 인생, 건강, 부, 사랑, 완벽한 자기표현에 대한 신의 설계"를 시현할 수 있기를 기원한다. "여러분은 마음을 새롭게 하여 변화를 받으십시오."

긍정의 말

(번영을 위해)
하나님은 나의 변함없는 공급자이시며, 많은 돈이 은혜 아래서 완벽한 방식으로 신속하게 나에게 온다.

(올바른 조건을 위해)
하늘에 계신 내 아버지께서 계획하지 않으신 모든 계획은 해체되고 사라질 것이며, 이제 신의 생각이 실현될 것이다.

(올바른 조건을 위해)
나와 아버지는 하나이기 때문에 하나님에게 참된 것만 나에게도 참된 것이다.

(믿음을 위해)
내가 하나님과 하나이듯 나는 나의 선과 하나이다.

하나님은 주는 자이시면서 선물이시기 때문이다. 나는 주는 자와 선물을 분리할 수 없다.

(올바른 조건을 위해)
하나님의 사랑은 이제 내 마음과 몸과 일의 모든 잘못된 상태를 녹이고 소멸시킨다. 하나님의 사랑은 우주에서 가장 강한 화학 물질이며, 그것이 아닌 모든 것을 녹여버린다!

(건강을 위해)
하나님의 사랑이 내 의식에 건강을 가득 채우고, 내 몸의 모든 세포에 빛을 가득 채운다.

(시각을 위해)
내 눈은 하나님의 눈이며, 나는 영의 눈으로 본다. 나는 열린 길을 분명히 본다. 내 길에는 장애물이 없다. 나는 완벽한 계획을 분명히 본다.

(인도하심을 위해)
나는 직관의 인도에 신성하게 민감하며, 그분의 뜻에 즉각 순종한다.

(청각을 위해)
내 귀는 하나님의 귀이며, 나는 영의 귀로 듣는다. 나는 저항하지 않고 기꺼이 인도하심을 받는다. 나는 큰 기쁨의 좋은 소식을 듣는다.

(올바른 일을 위해)
나는 완벽한 일을 완벽한 방식으로 한다.
나는 완벽한 서비스를 제공하고 완벽한 보수를 받는다.

(모든 속박으로부터 자유를 위해)
나는 이 짐을 내 안에 계신 그리스도께 맡기고 자유로워진다!

인생을 바꾸는 게임의 규칙

초판1쇄 발행 | 2025년 4월 15일

지은이 | 플로렌스 스코벨 신
옮긴이 | 이은종

발행처 | 주영사
발행인 | 이은종
등록번호 | 제379-3530000251002006000005호
등록일 | 2006년 7월 4일(최초 등록일 2006년 3월 7일)
주 소 | 경기도 성남시 수정구 산성대로 437번길 7
전 화 | 031-626-3466
팩 스 | 0505-300-2087
홈페이지 | http://juyoungsa.net
이메일 | juyoungsa@gmail.com

ISBN 978-89-94508-51-1 03190

* 잘못된 책은 바꾸어 드립니다.
* 책값은 표지에 있습니다.